Cuando lo que Dios hace no tiene sentido

Afianzándose en su fe aun...

CUANDO LO QUE DIOS HACE NO TIENE SENTIDO

DR. JAMES DOBSON

RECONOCIDO CONSEJERO FAMILIAR

EDITORIAL
UNILIT

Publicado por
Editorial **Unilit**
Miami, Fl. U.S.A.
Derechos reservados

Primera edición 1993

© 1993 por James Dobson, Inc.
Todos los derechos reservados. Ninguna parte de este libro puede ser
reproducida excepto en pasajes breves para reseña, ni puede ser guardada en un
sistema de recuperación o reproducido por medios mecánicos, fotocopiadora,
grabadora o de otras maneras, sin el permiso de su autor.

Originalmente publicado en inglés con el título:
When God Doesn't Make Sense
por Tyndale House Publishers, Inc,
Wheaton, Illinois

Traducido al español por: Luis Marauri

Citas bíblicas tomadas de Reina Valera, (RV) revisión 1960 y
Dios Habla Hoy, Versión Popular (VP) © Sociedades Bíblicas Unidas.
Otras citas bíblicas debidamente marcadas:
La Biblia de las Américas (LBLA) © 1986 The Lockman Foundation
El Nuevo Testamento (NVI) © 1979, 1985, 1990 Sociedad Bíblica Internacional
La Biblia al Día © 1979 Living Bibles International
Usadas con permiso

Producto 497572
ISBN 0-7899-1080-2

Impreso en Colombia
Printed in Colombia

*Con gran aprecio, dedico este libro al
doctor R. T. Kendall, pastor principal
de la iglesia Westminster Chapel, de Londres.
Su discernimiento y sus sugerencias fueron de
una ayuda inestimable en la preparación del
último manuscrito de este libro.
Es un honor para mí
el poder llamarlo mi amigo.*

Indice

Reconocimientos 7

1. Cuando lo que Dios hace no tiene sentido 9

2. La barrera de la traición 31

3. Lo que Dios hace tiene sentido
   aun cuando no lo tenga para nosotros 53

4. Aceptación o desesperación 83

5. "Puede librarnos ... Y si no" 105

6. Preguntas y respuestas 131

7. El principio de la adversidad 159

8. La fe debe ser firme 181

9. La paga del pecado 197

10. Más preguntas y respuestas 217

11. Más allá de la barrera de la traición 241

Reconocimientos

Estoy muy agradecido a tantas personas que me ayudaron mientras escribía este libro. Mis queridos amigos Ed y Elsa Prince, me proveyeron de un hermoso escondite cerca del Lago Michigan, donde pasé muchas horas de estudio sin ninguna interrupción. Mi secretaria Karen Bethany, estuvo al tanto de una infinidad de detalles, y mantuvo todo el proyecto en la dirección correcta. Dos colegas de confianza, el reverendo H. B. London y el doctor Kenneth Ogden, leyeron el primer borrador y me dieron sugerencias de incalculable valor. También estoy muy agradecido al doctor R. C. Sproul y a J. I. Parker, conocidos teólogos y autores, quienes tomaron tiempo, en medio de sus ocupados programas de actividades, para leer y analizar mi manuscrito. Este no es un pequeño favor, ya que cada año estos dos hombres excepcionales reciben cientos de manuscritos que ellos no han solicitado, y que les son enviados por escritores y por personas que están tratando de llegar a ser autores.

También debo darle las gracias al reverendo Reuben Welch, quien, hace veinte años, predicó un sermón titulado: "Cuando Dios se contradice a sí mismo", que me hizo comenzar a pensar en el problema de las preguntas sin contestar, y finalmente me guió a escribir este libro. ¿Y cómo podría olvidarme de expresarle mi agradecimiento a John Keller, quien me enseñó a usar mi computadora portátil MacIntosh? Ninguno de los dos pensó que este loro viejo podría aprender a hablar, pero así fue, más o menos. Este maestro, bondadoso y paciente, recibió montones de llamadas que le hice desesperado, diciéndole: "¡Socórreme, John! La pantalla está en blanco. ¿Qué fue lo que hice mal?" *Siempre* él tenía la respuesta.

Finalmente, debo decir que cada página de este libro fue escrita con alguien en mente. Es la persona para la que la vida está dando vueltas fuera de control. Si usted es esa persona herida, a la cual le hablando, le pido a Dios que use mis esfuerzos para fortalecerle y restaurar su fe. El Señor está muy cerca, y ¡usted le importa a él! Y a mí también.

1

---

*Cuando
lo que
Dios hace
no tiene
sentido*

Chuck Frye era un joven muy inteligente de diecisiete años, poseía altas dotes intelectuales y un nivel sumamente alto de motivación. Después de graduarse de secundaria con los grados más altos de su clase, entró a la universidad, donde continuó sobresaliendo en sus estudios. Cuando obtuvo su licenciatura en ciencias, solicitó su ingreso a varias facultades de medicina. La competencia para que alguien fuera aceptado en una facultad de medicina era muy grande en ese tiempo, y lo sigue siendo hoy. En ese entonces, yo era profesor en la Facultad de Medicina de la Universidad del Sur de California, donde cada año recibían 6.000 solicitudes, y solamente 106 alumnos eran aceptados. Eso era algo típico de los programas autorizados de estudios médicos en esa área. A pesar de que las probabilidades eran muy pocas, Chuck fue aceptado en la Facultad de Medicina de la Universidad de Arizona, y comenzó sus estudios en el mes de septiembre.

Durante el primer trimestre, Chuck pensó mucho en el llamamiento que Dios estaba haciéndole. Empezó a tener el convencimiento de que debía renunciar a dedicarse a ejercer la medicina de alta tecnología en un ambiente lucrativo, con el fin de prestar sus servicios en el extranjero. Finalmente, ése llegó a ser su plan para el futuro. Sin embargo, hacia el final de su primer año de entrenamiento, Chuck comenzó a sentirse enfermo. Empezó a sentir una fatiga muy extraña y persistente. Hizo una cita para un examen médico en mayo, y muy pronto le habían diagnosticado que padecía de leucemia aguda. En el mes de noviembre, Chuck Frye había muerto.

¿Cómo podría tener sentido para los afligidos padres de Chuck, entonces, y cómo podría tenerlo para nosotros ahora, una obra de Dios tan incomprensible como ésa? Este joven amaba a Jesucristo con todo su corazón, y solamente buscó hacer Su voluntad. ¿Por qué se lo llevó cuando estaba en la flor de la vida, a pesar de las muchas oraciones angustiosas de miembros de su familia consagrados a Dios y de fieles amigos? Muy claramente, el Señor les dijo: "No", a todos. Pero, ¿por qué?

Miles de jóvenes doctores completan su educación cada año y entran a la profesión médica, algunos de ellos por razones no muy dignas de admiración. Sólo una minoría muy pequeña piensa en dedicar toda su vida a ejercer su profesión ayudando a los que no tienen ni donde caerse muertos. Pero ésta era una excepción maravillosa. Si se le hubiera permitido vivir, Chuck hubiera podido atender a miles de personas pobres y necesitadas, que de otra manera, sufrirían y morirían irremediablemente. No sólo él habría podido atender a sus necesidades físicas, sino que su mayor deseo era compartir el mensaje del evangelio con aquellos que jamás habían oído esta historia, la más maravillosa de todas. Así que, sencillamente, su muerte no tenía sentido. Imagínese, junto conmigo, a la enorme cantidad de personas gravemente enfermas, a las que el doctor Charlie Frye hubiera podido ayudar durante su vida:

algunas con cáncer; otras con tuberculosis o con trastornos congénitos; y algunas, que aún serían niños demasiado pequeños para ni siquiera poder comprender su dolor. ¿Por qué habría de negarles la Divina Providencia sus dedicados servicios de médico?

Existe otra dimensión de la historia de Frye, que completa el cuadro. En el mes de marzo, de su primer año en la facultad de medicina, Chuck se había comprometido para casarse. Su novia se llamaba Karen Ernst, y era también una creyente consagrada a Jesucristo. Seis semanas después de su compromiso, ella se enteró de la enfermedad mortal que Chuck padecía, pero decidió seguir adelante con los planes para la boda. Ambos se convirtieron en marido y mujer, menos de dos horas antes de su trágica muerte. Luego, Karen se matriculó en la Facultad de Medicina de la Universidad de Arizona, y después de graduarse se dedicó a trabajar como doctora misionera en Swaziland, Africa del Sur. La doctora Frye sirvió allí hasta 1992, en un hospital sostenido por una iglesia. Estoy seguro de que ella se pregunta, en medio de tanto sufrimiento, por qué no le fue permitido a su brillante y joven esposo que cumpliera su misión como su colega en la profesión médica. Y, verdaderamente, yo me hago esa pregunta también.

Los grandes teólogos del mundo pueden pensar en el dilema que nos plantea la muerte de Chuck Frye por los próximos cincuenta años, pero no es probable que lleguen a presentar una explicación satisfactoria. El propósito de Dios, en cuanto a la muerte de este joven, es un misterio, y permanecerá siéndolo. ¿Por qué, después de mucha oración, se le permitió a Chuck que entrará a la facultad de medicina si no iba a poder vivir hasta completar su educación? ¿De dónde vino el llamamiento, aceptado por él, a ir como médico al campo misionero? ¿Por qué le fue dado tanto talento a un joven que no podría utilizarlo? Y, ¿por qué fue acortada la vida de un estudiante tan maduro y prometedor, cuando muchos adictos a las drogas, borrachos y hombres malvados viven largas vidas siendo una carga para la sociedad? Estas inquietantes preguntas son mucho más fáciles de hacer que de contestar. Y... hay muchas otras.

El Señor no ha revelado aún sus razones para permitir el accidente de aviación, ocurrido en 1987, en el cual perdieron sus vidas cuatro de mis amigos. Ellos estaban entre los más admirables caballeros cristianos que he conocido. Hugo Schoellkopf era un empresario, y un miembro muy capacitado de la junta directiva de Focus on the Family (Enfoque a la Familia). George Clark era presidente de un banco y un verdadero gigante. El doctor Trevor Mabrey era un cirujano excepcional, que realizaba casi la mitad de sus operaciones sin cobrarles a los pacientes. Era un toque compasivo para cualquiera que tuviera una necesidad económica. Y Creath Davis era un ministro y autor muy estimado por miles de personas. Todos eran amigos íntimos que se reunían con regularidad para estudiar la Palabra de Dios y rendirse cuentas mutuamente de lo que estaban aprendiendo. Yo quería mucho a estos cuatro hombres. Había estado con ellos la noche antes de ese último vuelo, en el que su avión de dos motores había caído en la cordillera de Absaroka, en Wyoming. Ninguno de ellos sobrevivió el accidente. Ahora, sus preciosas esposas e hijos han quedado en este mundo para continuar luchando solos. ¿Por qué? ¿Cuál fue el propósito de su trágica muerte? ¿Por qué los dos hijos de Hugo y Gail, quienes son los más jóvenes de entre las cuatro familias, se han quedado privados de la influencia de su sabio y compasivo padre durante sus años de desarrollo? No lo sé, aunque el Señor le ha dado a Gail suficiente sabiduría y fortaleza para seguir adelante sola.

Al decir por primera vez el temible "¿por qué?", también pienso en nuestros estimados amigos, Jerry y Mary White. El doctor White es presidente de los Navegantes, organización mundial dedicada a conocer a Cristo y a hacer que otros le conozcan. Los White son personas maravillosas que aman al Señor y viven de acuerdo con los preceptos de la Biblia. Pero ya han tenido su parte de sufrimientos. Durante varios meses, su hijo, Steve, trabajó manejando un taxi mientras buscaba comenzar una carrera en radiodifusión. Pero no sabía que jamás lograría su sueño. Una noche, a una hora avanzada, en la tranquila ciudad de Colorado Springs, Steve fue asesinado por un pasajero trastornado. El asesino fue un conocido criminal y adicto a las drogas, que tenía un largo historial de crímenes cometidos. Cuando lo detuvieron, la policía se enteró de que él había llamado al taxi con la intención de dispararle a cualquiera que fuera a buscarle. Muchos otros choferes pudieron haber contestado la llamada, pero fue Steve White quien lo hizo. Fue un caso de brutalidad casual, sin ton ni son. Y esto ocurrió dentro de una familia que fielmente había honrado y servido a Dios durante años de total dedicación.

Me acuerdo también de una iglesia en Dallas, Texas, que hace algunos años fue destruida por un tornado. De repente, el torbellino descendió del hirviente cielo y "escogió" el edificio de esta iglesia para destruirlo. Luego se elevó de nuevo, sin casi causar ningún daño en el área alrededor de la iglesia. ¿Cómo interpretaría usted esta "obra de Dios" si fuera miembro de esa congregación? Tal vez, el Señor estaba disgustado con algo que estaba ocurriendo en la iglesia, pero dudo que esa fuera la manera en que mostró su disgusto. Si fuera así como Dios trata con la desobediencia, entonces tarde o temprano cada santuario estaría en peligro. Así que, ¿cómo explicamos la destrucción causada por el tornado tan selectivamente. Yo no trataría de explicarlo. Sencillamente, hay momentos cuando las cosas salen mal por razones que quizás nunca comprenderemos.

Más ejemplos de aflicciones y sufrimientos inexplicables podrían llenar los estantes de la biblioteca más grande del mundo, y cada persona sobre la faz de la tierra, podría contribuir con sus propias ilustraciones. No es fácil el racionalizar las guerras, el hambre, las enfermedades, los desastres naturales y las muertes prematuras. Pero las desdichas de esta clase, en gran escala, a veces inquietan menos a la persona que las circunstancias con que nos enfrentamos personalmente cada uno de nosotros. ¡Cáncer, insuficiencia renal, enfermedades cardíacas, síndrome de muerte infantil repentina, parálisis cerebral, mongolismo, violación, soledad, rechazo, fracaso, infertilidad, viudez! Estas, y un millón de otras fuentes de sufrimiento experimentado por los seres humanos, plantean preguntas inevitables que inquietan el alma. "¿Por qué ha permitido Dios que me ocurra esto a mí?" Esta es una pregunta a la que todos los creyentes, y muchos incrédulos, se han esforzado por contestar. Y contrario a lo que las enseñanzas de algunos cristianos en ciertos círculos, típicamente, el Señor no se apresura en explicar lo que él está haciendo.

Si usted cree que Dios tiene la obligación de explicarnos su conducta, usted debiera examinar los siguientes pasajes de la Biblia: Salomón escribió en Proverbios 25:2:

"Gloria de Dios es encubrir un asunto..." Isaías 45:15, declara: "Verdaderamente tú eres Dios que te encubres..." En Deuteronomio 29:29 (LBLA), leemos: "Las cosas secretas pertenecen al Señor nuestro Dios..." Eclesiastés 11:5, proclama: "Como tú no sabes cuál es el camino del viento, o cómo crecen los huesos en el vientre de la mujer encinta, así ignoras la obra de Dios, el cual hace todas las cosas". Isaías 55:8-9 (LBLA), enseña: "Porque mis pensamientos no son vuestros pensamientos, ni vuestros caminos mis caminos, declara el Señor. Porque como los cielos son más altos que la tierra, así mis caminos son más altos que vuestros caminos, y mis pensamientos más que vuestros pensamientos".

Desde luego, la Biblia nos dice que nosotros carecemos de la capacidad para comprender la mente infinita de Dios o la manera en que él interviene en nuestras vidas. Qué arrogantes somos cuando pensamos lo contrario. Tratar de analizar su omnipotencia es como si una ameba tratara de comprender el comportamiento del ser humano. Romanos 11:33, indica que los juicios de Dios son "insondables", y sus caminos "inescrutables". Una manera de hablar parecida a ésta, la encontramos en 1 Corintios 2:16 (LBLA), donde dice: "Porque ¿quién ha conocido la mente del Señor, para que le instruya?" Por supuesto, a no ser que Dios escoja explicarnos su comportamiento, lo cual no suele hacer, sus motivos y propósitos están fuera del alcance de nosotros los seres mortales. Lo que esto quiere decir, en términos prácticos, es que muchas de nuestras preguntas, especialmente las que empiezan con las palabras *por qué*, tendrán que quedarse sin respuesta por ahora.

El apóstol Pablo se refirió al problema de las preguntas sin contestar, cuando escribió: "Ahora vemos por espejo, oscuramente; mas entonces veremos cara a cará. Ahora conozco en parte; pero entonces conoceré como fui conocido" (1 Corintios 13:12). Pablo estaba explicando que no tendremos el cuadro completo hasta que estemos en la eternidad. De ahí se deduce que debemos aprender a aceptar nuestra comprensión parcial.

Lamentablemente, muchos jóvenes creyentes, y también algunos más viejos, no saben que habrá momentos en la vida de cada persona, cuando las circunstancias no tienen sentido, cuando nos parece que lo que Dios ha hecho no tiene sentido. Este es un aspecto de la fe cristiana del cual no se habla mucho. Tenemos tendencia a enseñarles a los nuevos cristianos las porciones de nuestra teología que son atractivas a la mente secular. Por ejemplo, Campus Crusade for Christ [Cruzada Estudiantil y Profesional para Cristo], (un ministerio evangelístico al cual respeto mucho), ha distribuido millones de folletos titulados: "Las cuatro leyes espirituales". El primero de esos cuatro principios bíblicos dice: "Dios le ama y tiene un plan maravilloso para su vida". Esa declaración es totalmente verdadera. Sin embargo, da a entender que el creyente siempre comprenderá ese "plan maravilloso", y que lo aprobará. Eso podría no ser cierto.

Para algunas personas, tales como Joni Eareckson Tada, el "plan maravilloso" significa vivir en una silla de ruedas como una cuadriplégica. Para otras significa una muerte prematura, pobreza o el desprecio de la sociedad. Para el profeta Jeremías, significó ser arrojado en una cisterna. Para otros personajes bíblicos significó su ejecución. Sin embargo, aun en las más terribles de las circunstancias, el plan de Dios es maravilloso, porque finalmente, "a los que aman a Dios" todas las cosas que estén en armonía con su voluntad "les ayudan a bien, esto es, a los que conforme a su propósito son llamados" (Romanos 8:28).

Aun así, no es difícil el comprender cómo puede producirse la confusión en cuanto a esto, especialmente en los jóvenes. Durante la juventud, cuando la salud es buena, y los problemas, los fracasos y las aflicciones todavía no han sacudido su pequeño y tranquilo mundo, es relativamente fácil armar el rompecabezas. Uno puede creer sinceramente, y tiene buenos indicios de ello, que siempre será así. Tal persona es extremadamente vulnerable a la confusión espiritual si tiene problemas durante esa época.

El doctor Richard Selzer es un cirujano y uno de mis autores favoritos. El escribe las descripciones más hermosas y compasivas de sus pacientes y de los dramas humanos con que los mismos se enfrentan. En su libro titulado: *Letters to a Young Doctor [Cartas para un joven doctor]*, dijo que la mayoría de nosotros parecemos estar protegidos durante algún tiempo por una membrana imaginaria que nos protege del horror. Cada día, caminamos dentro de ella y a través de ella, pero casi no nos damos cuenta de su presencia. De la misma manera en que el sistema inmunológico nos protege de la presencia invisible de las bacterias dañinas, esta membrana mítica nos protege de las situaciones que ponen en peligro nuestra vida. Desde luego, no todos los jóvenes tienen esta protección, porque los niños también mueren de cáncer, de problemas congénitos del corazón y de otras clases de trastornos. Pero la mayoría de ellos están protegidos, y no se dan cuenta de esto. Entonces, a medida que pasan los años, un día ocurre. Sin ningún aviso, la membrana se rasga, y el horror penetra en la vida de la persona o en la de uno de sus seres queridos.

Es en ese momento que una crisis teológica se presenta inesperadamente.

¿Qué es lo que estoy sugiriendo? ¿Que nuestro Padre celestial no se preocupa por sus vulnerables hijos o no se interesa en ellos? ¿Que se burla de nosotros, los simples mortales, como si fuéramos parte de alguna broma cósmica, cruel? Es casi una blasfemia el escribir tales disparates. Cada descripción de Dios que se hace en la Biblia, lo presenta como infinitamente amoroso y bondadoso, cuidando tiernamente a sus hijos terrenales, y guiando los pasos de los fieles. El dice que "pueblo suyo somos, y ovejas de su prado" (Salmo 100:3). Su gran amor por nosotros le movió a enviar a su Hijo unigénito como sacrificio por nuestro pecado, para que pudiéramos escapar del castigo que merecemos. El hizo esto "porque de tal manera amó al mundo" (Juan 3:16).

El apóstol Pablo lo expresó de la siguiente manera: "Por lo cual estoy seguro de que ni la muerte, ni la vida, ni ángeles, ni principados, ni potestades, ni lo presente, ni lo por venir, ni lo alto, ni lo profundo, ni ninguna otra cosa creada nos podrá separar del amor de Dios, que es en Cristo Jesús Señor nuestro" (Romanos 8:38-39). Isaías nos comunicó este mensaje enviado directamente por nuestro Padre celestial: "No temas, porque yo estoy contigo; no desmayes, porque yo soy tu Dios que te esfuerzo; siempre te ayudaré, siempre te sustentaré con la diestra de mi justicia" (Isaías 41:10). No, el problema no tiene nada que ver con el amor y la misericordia de Dios. Sin embargo, el problema persiste.

Mi principal preocupación acerca de esto, y la razón por la que decidí escribir este libro, es ayudar a mis hermanos en la fe que están luchando con circunstancias que no tienen sentido. En mi trabajo aconsejando a familias que están experimentando distintas pruebas, desde enfermedades y muerte hasta conflictos matrimoniales y rebelión de sus hijos adolescentes, algo muy común que he encontrado es que quienes tienen esas clases de crisis se sienten muy frustrados con Dios. Esto es cierto, muy en particular, cuando suceden cosas que parecen absurdas e inconsecuentes con lo que se les ha enseñado o han entendido. Luego, si el Señor no les rescata de las circunstancias en que están enredados, rápidamente su frustración se deteriora, convirtiéndose en ira y una sensación de haber sido abandonados. Finalmente, surge la desilusión, y el espíritu comienza a marchitarse.

Esto puede aun ocurrirle a niños muy pequeños, quienes son vulnerables a sentirse rechazados por Dios. Me acuerdo de un muchacho, llamado Cristóbal, al cual se le había quemado la cara en un fuego. Este joven le envió la siguiente nota a su sicoterapeuta: "Estimado doctor Gardner: una persona grande, era un muchacho que tenía unos trece años de edad, me llamó 'tortuga', y yo sé que me llamó así por motivo de mi cirugía plástica. Y creo que Dios me odia debido a mi labio. Y cuando me muera probablemente me mandará al infierno. Le quiere, Cristóbal".

Por supuesto, Cristóbal llegó a la conclusión de que su deformidad era evidencia del rechazo de Dios. La deducción lógica de un niño es: "Si Dios es todopoderoso y lo sabe todo, por qué dejó que algo tan terrible me ocurriera. Debe odiarme". Lamentablemente, Cristóbal no es el único que piensa así. Muchos otros creen la misma mentira satánica. En realidad, algún día la mayoría de nosotros sentiremos esa misma clase de alejamiento de Dios. ¿Por qué sucederá esto? Porque las personas que llegan a vivir lo suficiente, a la larga se enfrentarán a situaciones que no podrán comprender. Todos los seres humanos somos iguales. Permítame decirlo otra vez: Decir que siempre comprenderemos lo que Dios hace y cómo nuestro sufrimiento y nuestras desilusiones son parte de su plan, es tener un concepto equivocado de la Biblia. Tarde o temprano, la mayoría de nosotros llegaremos a encontrarnos en una situación en la que pareciera que Dios ha perdido el control, o el interés, en lo que está sucediendo. Esta idea sólo es una ilusión, pero tiene consecuencias peligrosas para nuestra salud espiritual y mental. Lo curioso del caso es que no son el dolor y el sufrimiento los que causan el mayor daño. La **confusión** es el factor que hace trizas la fe.

El espíritu humano es capaz de resistir una enorme cantidad de aflicciones, incluso el encontrarse ante la perspectiva de la muerte, **si las circunstancias tienen sentido**. Muchos mártires, prisioneros políticos y héroes de la guerra han ido a sus tumbas con gusto y llenos de confianza. Comprendieron el sacrificio que estaban haciendo y aceptaron lo que eso significaba en sus vidas. Esto me recuerda a Nathan Hale momentos antes que lo ahorcaran. Les dijo a sus verdugos ingleses: "Lo único que lamento es que sólo tengo una vida que dar por mi patria". A menudo, los soldados que están combatiendo, mueren valientemente en el frente de batalla, incluso lanzándose sobre granadas a punto de explotar, para proteger a sus compañeros. Otros han atacado peligrosos emplazamientos de ametralladoras para lograr objetivos militares. Su actitud parece ser la de pensar: "La causa por la que estoy arriesgando mi vida está más que justificada".

Jim Elliot, uno de cinco misioneros que fueron matados con lanzas por los indios huaorani en el Ecuador, hizo la mejor descripción de esta clase de abnegación suprema. En su libro, titulado: *Portales de esplendor*, Elisabeth Elliot citó las palabras dichas por él: "No es tonta la persona que entrega lo que no puede retener, para ganar lo que no puede perder". Ese concepto basado en la Biblia, transforma el martirio en una victoria gloriosa.

En contraste, los cristianos que se sienten confundidos y desilusionados con Dios, no tienen ese consuelo. Es *la ausencia de significado* lo que hace que su situación sea intolerable. Al encontrarse en esa condición, su depresión causada por una enfermedad inesperada o la trágica muerte de un ser querido, realmente puede ser más intensa que la experimentada por el incrédulo que ni esperaba ni recibió nada. No es raro el escuchar a un cristiano, que se siente confundido, expresar enorme inquietud, ira o incluso blasfemias. Este individuo con fuso es como una niñita a la que su padre divorciado le ha dicho que va a ir a verla. Cuando su padre no lo hace, ella sufre mucho más que si él nunca se lo hubiera dicho.

La palabra clave, en relación con esto, es *expectativas*. Son ellas las que preparan el camino para que suframos una desilusión. No existe una angustia mayor que la que una persona experimenta cuando ha edificado todo su estilo de vida sobre cierto concepto teológico, y que luego éste se derrumbe en un momento de tensión y dolor extraordinarios. Una persona en esta situación, se enfrenta con la crisis que ha sacudido su fundamento. Entonces, como Cristóbal, también tendrá que hacerle frente a la angustia del rechazo. El Dios a quien ha amado, adorado y servido, parece estar callado, lejano y despreocupado en su momento de más necesidad. ¿Vienen momentos como estos, aun para los creyentes fieles? Sí, sí vienen. Aunque, rara vez estamos dispuestos a admitirlo dentro de la comunidad cristiana.

¿No fue eso lo que le ocurrió precisamente a Job? Aunque este hombre temeroso de Dios, de tiempos antiguos, no había hecho nada malo, en cuestión de horas sufrió una serie de pérdidas asombrosas. He oído muchos sermones sobre la vida de este extraordinario personaje del Antiguo Testamento, pero frecuentemente la causa de la frustración más intensa, experimentada por Job, es decir, el no poder encontrar a Dios, ha sido pasada por alto. Y ésta es de esencial importancia en la historia. Job lo perdió todo: sus hijos, su riqueza, sus criados, su reputación y sus amigos. Pero esas tragedias, a pesar de ser tan terribles, no fueron la causa de la mayor angustia experimentada por él. En cambio, Job "postrándose en tierra, adoró, y dijo: Desnudo salí del vientre de mi madre, y desnudo volveré allá. El Señor dio, y el Señor quitó; bendito sea el nombre del Señor" (Job 1:20-21, LBLA).

Luego, Dios permitió a Satanás que afligiera a Job físicamente. Fue herido "con una sarna maligna desde la planta del pie hasta la coronilla de la cabeza" (Job 2:7). Su esposa se enojó y provocó a Job para que maldijera a Dios y se muriera. Job le contestó: "Como suele hablar cualquiera de las mujeres fatuas, has hablado. ¿Qué? ¿Recibiremos de Dios el bien, y el mal no lo recibiremos". Y después la Biblia dice que "en todo esto no pecó Job con sus labios" (Job 2:10). ¡Qué increíble hombre de fe! Ni siquiera la muerte podía hacer flaquear su confianza en Dios, mientras proclamaba: "Aunque él me mataré, en él esperaré" (Job 13:15).

Sin embargo, finalmente, Job llegó al punto de la desesperación. Este hombre de imponente fortaleza, que le había hecho frente a la enfermedad, a la muerte y a pérdidas catastróficas, pronto se enfrentó con una circunstancia que amenazó con vencerle. Surgió de su incapacidad para encontrar a Dios. Pasó por un período en el cual la presencia del Todopoderoso estaba oculta de sus ojos. Pero lo más importante de todo fue que Dios no le hablaba. Job expresó su enorme angustia con las siguientes palabras: "... hablaré con amargura; porque es más grave mi llaga que mi gemido. ¡Quién me diera el saber dónde hallar a Dios! Yo iría hasta su silla. Expondría mi causa delante de él, y llenaría mi boca de argumentos. Yo sabría lo que él me respondiese, y entendería lo que me dijera. ¿Contendería conmigo con grandeza de fuerza? No; antes él me atendería. Allí el justo razonaría con él; y yo escaparía para siempre de mi juez. He aquí yo iré al oriente, y no lo hallaré; y al occidente, y no lo percibiré; si muestra su poder al norte, yo no lo veré; al sur se esconderá, y no lo veré" (Job 23:2-9).

¿Debemos suponer que esta incapacidad para encontrar a Dios y hablar con él en ciertos momentos de crisis personal, fue algo exclusivo de Job? No, creo que ocurre en muchos otros casos, quizás a la mayoría de nosotros en algún momento de nuestras vidas. La Biblia dice: "No os ha sobrevenido ninguna tentación que no sea humana..." (1 Corintios 10:13) Todos pasamos por experiencias similares. El rey David debe de haberse sentido como Job cuando le preguntó al Señor con gran pasión: "¿Hasta cuando, oh Señor? ¿Me olvidarás para siempre? ¿Hasta cuando esconderás de mí tu rostro?" (Salmo 13:1, LBLA) Luego, en el Salmo 77, otra vez David expresó la angustia que sentía en su alma: "Rechazará el Señor para siempre, y no mostrará más su favor? ¿Ha cesado para siempre su misericordia?..." (vv. 7-8) En 2 Crónicas 32:31 se nos dice que "Dios lo dejó [a Ezequías], para probarle, para hacer conocer todo lo que estaba en su corazón". Hasta Jesús preguntó por qué había sido abandonado por Dios durante sus últimas horas en la cruz, lo cual es un ejemplo de la experiencia que estoy describiendo.

Estoy convencido de que éste y otros ejemplos bíblicos nos han sido dados para ayudarnos a comprender un fenómeno espiritual que es sumamente importante. Al parecer, a la mayoría de los creyentes se les permite atravesar por valles emocionales y espirituales, cuyo propósito es probar su fe en el crisol del fuego. ¿Por qué? Porque la fe ocupa el primer lugar en la lista de prioridades de Dios. El dijo que sin ella es imposible agradarle a él (Hebreos 11:6). ¿Y qué cosa es la fe? Es "la certeza de lo que *se espera*, la convicción de lo que *no se ve* (Hebreos 11:1). Esta decisión de creer cuando no se nos ha dado la prueba ni hemos recibido respuestas a nuestras preguntas es fundamental para nuestra relación con el Señor. El jamás hará nada que pueda destruir la necesidad de tener fe. En realidad, él nos guía a través de los tiempos de prueba, específicamente para cultivar esa confianza y dependencia en él (Hebreos 11:6-7).

Sin embargo, una respuesta teológica como ésta, quita el dolor y la frustración que sentimos cuando andamos por un desierto espiritual. Y la mayoría de nosotros no manejamos las dificultades tan bien como Job y David. Cuando la presión está siendo ejercida sobre nosotros y la confusión aumenta, algunos creyentes experimentan una terrible crisis espiritual. "Pierden de vista a Dios". Las dudas surgen para ocultar su presencia, y la desilusión se vuelve desesperación. La mayor frustración es resultado de que la persona sabe que él creó todo el universo con su palabra, que tiene todo poder y todo entendimiento, y que podría rescatarle, podría sanarle, podría salvarle, pero ¿por qué no lo hace? Esta sensación de haber sido abandonado es una terrible experiencia para alguien cuyo ser está totalmente arraigado en los principios cristianos. Entonces, Satanás viene a hacerle una visita, y le dice al oído: "¡El no está aquí! ¡Estás solo!"

¿Qué es lo que esa persona hace cuando lo que Dios hace no tiene sentido? ¿A quién le confiesa sus pensamientos perturbadores, incluso heréticos? ¿A quién puede ir para que le aconseje? ¿Qué le dice a su familia cuando su fe es sacudida violentamente? ¿A dónde va en búsqueda de nuevos valores y creencias? Mientras trata de encontrar algo más seguro en que confiar, se da cuenta de que no hay otro nombre, no hay otro dios, al que pueda acudir. En Santiago 1:8 se menciona a esta clase de individuo, dice que "el hombre de doble ánimo es inconstante en todos sus caminos". ¡De todas las personas, es la más desdichada y confusa!

Tal persona me recuerda a una vid que creció detrás de la casa que Shirley y yo teníamos en el sur de California. Era una planta ambiciosa que tenía un plan secreto para conquistar el mundo. En su paso se encontraba un hermoso roble, que tenía 150 años, al cual yo tenía muchos deseos de protegerlo. Cada pocos meses, miraba por la ventaba de atrás, y notaba que de nuevo la vid había atacado al árbol. Allí estaba, yendo en su camino hacia arriba, enredándose alrededor del tronco y de las ramas más altas. Si se le permitía continuar, ¡el roble sucumbiría bajo la invasión de aquella vid asesina!

La solución fue bastante sencilla. En vez de arrancar la planta del árbol, lo cual habría dañado la corteza de éste, hice un rápido corte cerca de la parte más baja de la vid, y la dejé allí. Aunque parecía que nada había sucedido, el monstruo verde había recibido un golpe mortal. Al día siguiente, sus hojas se veían algo opacas. Dos o tres días después, habían perdido un poco el color alrededor de los bordes. Pronto comenzaron a verse bronceadas con manchas negras cerca del centro. Luego, empezaron a caerse, quedando sólo un palito seco que sobresalía desde el tronco. Finalmente, el palito se desprendió cayendo al suelo, y el árbol permaneció en pie solo. Eso basta en cuanto a ambición ciega.

¿Está clara la analogía? Los cristianos que pierden de vista a Dios durante un período de confusión espiritual son como la viña trepadora que ha sido cortada de su fuente de vida. Están privados de alimento y fuerza. Al principio parecen salir adelante, pero la herida oculta es mortal. Comienzan a marchitarse bajo el calor del sol. Suelen dejar de asistir a la iglesia, leer la Biblia y orar. Algunos pierden el control de sí mismos, y empiezan a hacer cosas que nunca antes habían pensado hacer. Pero no tienen paz en sus corazones. En realidad, algunas de las personas más amargadas e infelices sobre la faz de la tierra son las que se han separado del Dios que ya no comprenden ni confían en él.

Jesús habló de esta relación en el capítulo 15 del Evangelio de Juan, versículos 5 y 6, donde dijo: "Yo soy la vid, vosotros los pámpanos; el que permanece en mí, y yo en él, éste lleva mucho fruto; porque separados de mí nada podéis hacer. El que en mí no permanece, será echado fuera como pámpano, y se secará; y los recogen, y los echan en el fuego, y arden".

Si usted se encuentra entre las personas que han estado separadas de la Vid por causa de la desilusión o de la confusión, he escrito pensando en usted. Sé que está sufriendo. Comprendo el dolor que inundó su alma cuando murió su hijo, o su esposo le traicionó, o su amada esposa partió de este mundo para ir con Jesús. Usted no pudo encontrar una explicación para el terremoto devastador, o el fuego, o el terrible tornado, o la tempestad de lluvia, fuera de tiempo, que arruinó sus cosechas. La compañía de seguros dijo que fue "obra de Dios". Sí, eso fue lo que causó más dolor. Los ejemplos son interminables. Pienso en un joven al cual conozco, que estaba convencido de que Dios le permitiría tener a la muchacha de la que estaba locamente enamorado. Pensaba que no podría vivir sin ella. El día en que ella se casó con otro hombre, la base de su fe fue sacudida fuertemente.

Recuerdo también a la mujer que en 1991 me llamó por teléfono para decirme que su hijo de veintiocho años de edad, había muerto en la Guerra del Golfo Pérsico. El se encontraba en un helicóptero que había sido derribado en algún lugar en Irak. Era su único hijo, y un cristiano nacido de nuevo. Solamente un puñado de los seiscientos mil soldados de las Naciones Unidas que pelearon en esa guerra no regresaron con vida, y su hijo, que era un hombre temeroso de Dios, fue uno de ellos. Se me parte el corazón al pensar en esta madre angustiada.

El gran peligro en que se encuentran las personas que han experimentado esta clase de tragedia es que Satanás utilizará su dolor para hacerles creer que Dios les ha escogido como víctimas. ¡Qué trampa mortal es ésa!

Cuando una persona empieza a pensar que Dios tiene antipatía hacia ella o le odia, la desmoralización no está muy lejos.

Le pido a la persona que se siente muy afligida, cuyo corazón está quebrantado, y que se siente desesperada por escuchar una palabra de estímulo, que me permita asegurarle que usted *puede* confiar en el Señor de los cielos y de la tierra. Existe seguridad y descanso en la sabiduría eterna de la Biblia. Hablaremos de esos confortantes pasajes de la Palabra de Dios en los siguientes capítulos, y creo que usted verá que podemos confiar en el Señor, aun cuando no entendamos lo que él hace. Usted puede estar seguro de esto: Jehová, el Rey de reyes y Señor de señores, no está caminando de un lado a otro por los pasillos del cielo sin saber qué hacer acerca de los problemas que existen en la vida de usted. El puso los mundos en el espacio. El puede tomar en sus manos las cargas que le están agobiando. Y para comenzar dice: "Estad quietos, y conoced que yo soy Dios" (Salmo 46:10).

2

La barrera de la traición

Hace muchos años, escuché la historia de un hombre que iba manejando su camión por una angosta carretera que corría a lo largo de una región montañosa. A su derecha había un precipicio que descendía, de modo muy empinado, como unos 150 metros hasta el fondo de un cañón. Cuando el chofer doblaba siguiendo una curva, súbitamente perdió el control del vehículo, saliéndose de la carretera y cayendo por la ladera de la montaña, rebotando contra ésta, hasta llegar al fondo del precipicio donde estalló en llamas. Aunque el aterrorizado hombre había sido lanzado fuera del camión, al éste caer por el borde de la carretera hacia abajo, se las había arreglado para agarrarse de un arbusto que estaba cerca de la parte de arriba. Y allí estaba él, aferrado desesperadamente a la pequeña rama, y colgando peligrosamente sobre el abismo. Después de tratar de tirar hacia arriba por sí mismo durante varios minutos, gritó con desesperación:

—¿Hay alguien allá arriba?

A los pocos segundos, la potente voz del Señor resonó en toda la montaña, diciendo:

—Sí, yo estoy aquí. ¿Qué quieres?

El hombre suplicó:

—¡Por favor, sálvame! No puedo seguir agarrado de esta rama por mucho más tiempo.

Después de otra angustiosa pausa, la voz dijo:

—Está bien. Voy a salvarte. Pero primero tienes que soltarte de la rama, y confiar en que yo te voy a agarrar. Sólo suéltate ahora. Mis manos estarán debajo de ti.

El hombre, que estaba balanceándose peligrosamente agarrado de la rama, miró por encima de su hombro al camión en llamas que se encontraba en el fondo del precipicio, y luego gritó: "Hay *alguien más*, que me pueda ayudar".

¿Se ha encontrado usted alguna vez en un aprieto parecido a éste? ¿Le ha suplicado alguna vez a Dios que le ayude en una situación angustiosa, y le ha contestado pidiéndole que usted confíe en él con su vida? ¿Ha considerado alguna vez la respuesta de Dios, y luego ha preguntado: "¿Hay alguien más que me pueda ayudar?" Como hemos indicado, ésta no es una experiencia fuera de lo común en la vida cristiana. Nosotros creemos que sabemos qué es lo que necesitamos en un momento de crisis, pero a menudo Dios tiene otras ideas.

Después de años de recibir continuamente respuestas a nuestras oraciones, puede ser que el Señor escoja no concedernos una petición que creemos que es de importancia vital. Y cuando eso ocurre, en cuestión de unos momentos, el mundo se nos cae encima. El pánico se apodera de nuestra alma, a medida que esa cuestión de vida o muerte nos mantiene pendientes de un hilo. Los violentos latidos del corazón revelan la ansiedad que sentimos en lo más profundo de nuestro ser, y nos preguntamos: "¿Dónde está Dios? ¿Sabe él lo que está ocurriendo? ¿Le importa? ¿Por qué se ha oscurecido el cielo y permanece silencioso? ¿Qué es lo que he hecho para merecer que Dios me abandoné de esta manera? ¿No le he servido con un corazón dispuesto a hacerlo? ¿Qué debo hacer para recobrar su favor?" Luego, a medida que la frustración y el temor se acumulan, nuestro espíritu retrocede lleno de desconfianza y confusión.

Quisiera tener las palabras necesarias para poder explicar la magnitud de esta experiencia. En realidad, durante mis veintiséis años como consejero profesional, he visto muy pocas circunstancias en la vida que igualen la angustia causada por una fe que ha sido hecha añicos. Esta es una crisis tramada en las profundidades del infierno. El doctor R. T. Kendall, el talentoso ministro principal de la Capilla de Westminster en Londres, dijo que dicha crisis conduce directamente a lo que él llama "la barrera de la traición". El opina que tarde o temprano todos los cristianos atraviesan por un período en el cual parece que Dios les ha abandonado. Esto pudiera ocurrir poco después de haberse convertido a Cristo. Tal vez el nuevo convertido pierde su empleo, o su hijo se enferma, o suceden contratiempos en los negocios. O quizá después de servir fielmente a Dios por muchos años, de repente la vida comienza a desintegrarse. Lo que ocurre no tiene sentido, y parece muy injusto. La reacción natural es decir: "Señor, ¿es *así* como tratas a los que son tuyos? Yo creía que tú me cuidabas, pero estaba equivocado. No puedo amar a un Dios que es así". Este es un trágico error.

La Biblia está llena de ejemplos de esta experiencia inquietante. La vemos ilustrada en el capítulo 5 de Exodo, cuando Dios le ordenó a Moisés que apelara a Faraón para que dejara ir a los hijos de Israel. Moisés hizo lo que le fue ordenado, y después de eso, Faraón aumentó la opresión del pueblo, golpeándoles y obligándoles a trabajar aun mucho más. El pueblo envió una delegación a Faraón con la esperanza de obtener algún alivio. Pero Faraón no estaba de humor para negociar con ellos. Les llamó "perezosos", y les ordenó que regresaran a trabajar, o si no ya verían lo que les iba a ocurrir. Los hombres se fueron del palacio, visiblemente perturbados, y se encontraron con Moisés y Aaron, a quienes les dijeron: "Mire el Señor sobre vosotros y os juzgue, pues nos habéis hecho odiosos ante los ojos de Faraón y ante los ojos de sus siervos, poniéndoles una espada en la mano para que nos maten" (Exodo 5:21, LBLA).

Moisés tenía muy buenas razones para creer que Dios lo había empujado hasta hacerlo estar en una situación peligrosa, y después lo había abandonado. Reaccionó como usted y yo lo habríamos hecho bajo las mismas circunstancias. En la Biblia vemos que él dijo: "Oh Señor, ¿por qué has hecho mal a este pueblo? ¿Por qué me enviaste? Pues desde que vine a Faraón a hablar en tu nombre, él ha hecho mal a este pueblo, y tú no has hecho nada por librar a tu pueblo" (Exodo 5:22-23).

Hoy en día, nosotros podemos ver cómo Moisés interpretó mal lo que Dios estaba haciendo, pero ¿quién puede echarle la culpa? Parecía ser víctima de una broma cruel. Afortunadamente, Moisés se aferró a su fe hasta que comenzó a entender el plan de Dios. La mayoría de nosotros no lo hacemos tan bien. Nos damos por vencidos antes que las piezas del rompecabezas empiecen a encajar en su lugar. Para siempre, después de eso, nos sentimos desilusionados y heridos. El doctor Kendall dijo que más de noventa y nueve por ciento de nosotros no atravesamos esta barrera de la traición, después de sentirnos abandonados por Dios. Entonces nuestra fe es estorbada por una experiencia amarga que no podemos olvidar.

Estoy de acuerdo con el comentario del doctor Kendall. Muchas personas que quieren servir al Señor son víctimas de una terrible mentira que les aleja del Dador de Vida. Como sabemos, Satanás es el "padre de mentira" (Juan 8:44), y "como león rugiente, anda alrededor buscando a quien devorar" (2 Pedro 5:8). Su propósito específico es desanimarnos y torcer la verdad. Por lo general, se puede esperar que va a aparecer en el momento cuando el desaliento sea mayor, susurrando al oído sus malvados pensamientos y burlándose del creyente herido.

Para el bien de aquellos que están sufriendo ese terrible ataque a su fe, quiero compartir algunas experiencias parecidas en las vidas de otros cristianos. Como dije anteriormente, es importante que usted sepa que no está solo. El dolor y el desaliento que siente, que podría guiarle a preguntar: "¿Por qué tiene que sucederme esto a mí?", no es exclusivo de usted. Dios no le ha escogido para hacerle sentir afligido. La mayoría de nosotros estamos destinados, según parece, a golpearnos la cabeza contra la misma antigua roca. Desde tiempos inmemoriales, los hombres y las mujeres se han angustiado por las mismas circunstancias llenas de tensiones que estaban fuera de toda explicación lógica. Tarde o temprano, esto nos sucede a todos. Millones han ido por ese camino. Y a pesar de lo que algunos cristianos le dirán a usted, el que seamos seguidores de Cristo no nos garantiza que nos veremos libres de estas tormentas de la vida.

Por ejemplo, piense en la vida y muerte del doctor Paul Carlson. En 1961, se unió a una agencia de auxilio a los necesitados, para servir como médico misionero en el Congo Belga. Se trataba de un compromiso de sólo seis meses, pero lo que vio allí cambió su vida. Cuando regresó a su próspero consultorio médico en Redondo Beach, California, no podía olvidar a las personas que no tenían ninguna esperanza, que había visto en aquel lugar. Le digo a un colega: "Si sólo pudieras ver [la necesidad] no podrías comerte ese sandwich". Muy pronto, el doctor Carlson y su familia se mudaron a Africa, donde estableció una clínica improvisada, en la cual a veces hacia cirugías alumbrándose con nada más que una linterna, y hacía visitas a sus pacientes en sus hogares, yendo en su motocicleta. Su salario disminuyó a 3.230 dólares por año, pero no le importaba el dinero. El estaba marchando al compás de un tambor diferente.

Sin embargo, dos años después, el doctor Carlson se convirtió en un rehén en un sangriento conflicto entre facciones rivales en el Congo Belga. El se encontraba entre un pequeño grupo de norteamericanos que tenían en cautiverio cerca del campo de batalla. Se les presentó una momentánea oportunidad de escapar trepando por un muro y saltando al otro lado donde se habrían encontrado libres de peligro. El doctor Carlson logró subir hasta la parte superior de la barrera, y estaba a punto de verse libre, cuando una ráfaga de balas despedazó su cuerpo. Cayó de espaldas en el patio, y allí murió. Fue un asesinato sin sentido, cometido por los rebeldes, con el cual no tenían nada que ganar.

La revista *Times*, en su reportaje del asesinato, dijo lo siguiente acerca de este médico:

El asesinato del doctor Carlson, junto con la masacre de otro centenar de blancos y miles de negros, tuvo un significado especial y trágico. [El] simbolizaba a todos los hombres blancos, y hay muchos otros como él, que lo único que quieren de Africa es que les permitan tener una oportunidad de ayudarle. El no era un santo, ni tampoco fue su intención convertirse en un mártir. Era un médico muy hábil quien, como resultado de su fervorosa fe cristiana y un sentido de sencillo humanitarismo, había ido al Congo a tratar a los enfermos.[1]

Esa dedicación humanitaria le costó la vida al doctor Paul Earle Carlson.

Y esto nos deja preguntando: "¿Por qué, Señor? ¿Por qué no pudiste distraer al que hizo los disparos aunque hubiera sido por un instante?" Incluso una mariposa volando delante de su nariz, o un poco de sudor en sus ojos, hubiera podido cambiar ese trágico resultado. Pero no hubo ninguna distracción, y así llegó a su final la vida de un buen hombre, que dejó atrás a una amorosa esposa y a dos hijos.

¿Y qué le parece la experiencia de mis amigos Daryl y Clarita Gustafson? Hacía muchos años que no podían tener hijos, a pesar de exámenes médicos y tratamientos minuciosos. Continuamente oraban a Dios, pidiéndole que les concediera el privilegio de traer un niño al mundo, pero el cielo guardaba silencio, y seguían sin tenerlo. El tictac del reloj biológico de Clarita estaba

---

1. "The World, Africa, The Congo Massacre", *Time* (diciembre 4, 1964).

apagándose a medida que los meses pasaban a ser parte de la historia. Entonces, sucedió un día. Clarita descubrió que estaba maravillosamente embarazada. Al fin, Dios había hablado. Siete meses después, nació un saludable varoncito, y le pusieron como nombre Aaron, por el hermano de Moisés. Este niño era su orgullo y gozo.

Sin embargo, cuando Aaron tenía tres años de edad, le diagnosticaron que tenía una forma muy virulenta de cáncer. Lo que ocurrió después, fueron diez meses de dolorosa quimioterapia y tratamientos de radiación. A pesar de todos los esfuerzos para detener la enfermedad, el pequeño cuerpo de Aaron continuó deteriorándose. Sus padres oscilaban entre la esperanza y la desesperación, como solamente los padres de niños que se están muriendo lo pueden comprender plenamente. No obstante las muchas oraciones y las innumerables lágrimas, Aaron partió de este mundo para ir con el Señor en 1992, a los cuatro años de edad. Así que, el bebé milagroso, al que Daryl y Clarita llamaban "angelito de Dios" y "nuestro caramelito", les fue quitado. La fe de este extraordinario matrimonio se ha mantenido firme, aunque aún sus preguntas no han sido contestadas.

Se me parte el corazón al pensar en estos padres y en todos los que han perdido a un precioso hijo. En realidad, frecuentemente hay padres que me dicen que han experimentado una tragedia parecida a ésta. Recuerdo muy en particular, a una familia. Supe de su dolor por medio del padre, quien me envió un tributo al recuerdo de su pequeña hija, Bristol. Lo que sigue es lo que él escribió:

Mi querida Bristol:

Antes que nacieras, oré por ti. En mi corazón yo sabía que serías un pequeño ángel. Y lo fuiste.

Cuando naciste, en el mismo día de mi cumpleaños, el 7 de abril, fue evidente que eras un regalo especial enviado por Dios. Pero, ¡qué regalo más maravilloso llegaste a ser! Más que tus hermosos balbuceos y tus mejillas rosadas, más que el gozo indecible de que fueras nuestra primogénita, más que ninguna otra cosa en toda la creación, me mostraste el amor de Dios. Bristol, tú me enseñaste a amar.

Por supuesto, te amé cuando eras muy delicada y linda, cuando te diste vuelta y te sentaste balbuceando tus primeras palabras. Te amé cuando sentimos el agudo dolor de saber que *algo* andaba mal, que tal vez no estabas desarrollándote tan rápido como los demás niños de tu edad, y también te amé cuando supimos que lo que te sucedía era más serio que eso. Te amé cuando fuimos de un médico a otro y de hospital en hospital, tratando de encontrar un diagnóstico que nos diera alguna esperanza. Y, desde luego, siempre oramos por ti incesantemente. Te amé cuando uno de los exámenes produjo que te extrajeran demasiado fluido espinal y te pusiste a gritar. Te amé cuando llorabas y gemías, cuando tu mamá, tus hermanas y yo íbamos por horas en el auto para ayudarte a que te pudieras dormir. Te amé, con mis ojos llenos de lágrimas, cuando, confusa, te mordías involuntariamente los dedos o el labio, y cuando te pusiste bizca y luego te quedaste ciega.

Naturalmente, te amé cuando ya no podías hablar, pero ¡cómo extrañé no oír más tu voz! Te amé cuando la escoliosis comenzó a torcer tu cuerpo como si fuera una "s", cuando pusimos un tubo dentro de tu estómago para que pudieras comer porque te ahogabas con la comida, que te dábamos por cucharadas, tardándonos hasta dos horas en cada comida. Pude amarte cuando tus miembros retorcidos me impedían que fácilmente te cambiara los pañales sucios. ¡Cuántos pañales! Diez años cambiándote pañales. Bristol, incluso te amé cuando ya no podías decir las palabras que más anhelaba oír en esta vida: "Papi, te amo". Bristol, te amé cuando me sentía cerca de Dios, y cuando él parecía estar muy lejos de mí, cuando estaba lleno de fe y también cuando estaba enojado con él.

Y la razón por la que te amé, mi Bristol, a pesar de todas estas dificultades, fue que Dios puso su amor en mi corazón. Esta es la maravillosa naturaleza del amor de Dios, que él nos ama aun cuando estamos ciegos, sordos, o torcidos, en nuestro cuerpo o en nuestro espíritu. Dios nos ama aun cuando no podemos decirle a él que también le amamos.

Mi querida Bristol, ¡ahora estás libre! Y espero ansiosamente ese día cuando, de acuerdo con las promesas de Dios, nos reuniremos contigo y con el Señor, completamente libres de imperfecciones y llenos de gozo. Estoy tan contento de que tu recibiste tu corona antes que nosotros. Un día te seguiremos, cuando él así lo quiera.

Antes que nacieras, oré por ti. En mi corazón sabía que serías un pequeño ángel. *¡Y lo fuiste!*

Te ama, papá.

Aunque jamás he llegado a conocer a este padre amoroso, me identifico personalmente con la pasión de su corazón. Me he quedado corto al decir esto. Aun casi no puedo contener las lágrimas al leer sus palabras. He tenido un amor como el suyo hacia mi hijo y mi hija desde el día que nacieron. A pesar de identificarme con él de esta manera, sólo puedo comenzar a imaginarme la angustia producida por la terrible experiencia, que duró diez años, descrita por este padre en su carta. No solamente esta clase de tragedia es una pesadilla emocional, sino que se puede convertir en el terreno explosivo que he descrito anteriormente.

Insisto en que estos ejemplos de aflicción ilustran el hecho de que las personas dedicadas a Dios, que oran, se enfrentan a veces a las mismas clases de dificultades que experimentan los incrédulos. Si negamos esta realidad, creamos un dolor y una desilusión aun mayores para las personas que no están preparadas para afrontar esos problemas. Por eso necesitamos superar nuestra renuencia a aceptar esta desagradable realidad. Debemos ayudar a nuestros hermanos y hermanas a prepararse para que puedan hacerle frente a la barrera de la traición. Debemos enseñarles a no depender demasiado en su propia habilidad para comprender las inexplicables circunstancias en nuestras vidas.

Recordemos que la Biblia nos advierte: "... no te apoyes en tu propia prudencia" (vea Proverbios 3:5 y

1 Corintios 13:12). Note que no se nos prohibe que tratemos de comprender. He pasado toda una vida tratando de entender algunos de los imponderables de esta vida, lo cual me ha guiado a escribir este libro. Pero se nos dice específicamente que no nos apoyemos en nuestra habilidad para hacer que las piezas del rompecabezas encajen en su lugar. "Apoyarse" tiene que ver con la exigencia, provocada por el pánico, de que se nos den respuestas. Y si no se nos da una respuesta satisfactoria, arrojamos nuestra fe por la borda. Esto es presionar a Dios para que justifique su conducta, ¡y si no lo hace, ya verá! Es en ese momento que todo comienza a desintegrarse.

La verdad es que no tengo respuestas lógicas que puedan satisfacer a los padres de Aaron, a la señora Carlson, o a la doctora Karen Frye. No tengo explicaciones indiscutibles para el afligido padre de Bristol, o para los padres de Steve White. En realidad, me molesta cuando teólogos aficionados presentan ideas simplistas, tales como: "Dios debe de haber querido a la pequeña flor, llamada Bristol, en su jardín celestial". ¡Eso es una tontería! ¡Un Padre amoroso no le arranca el corazón a una familia por motivos egoístas! No, es mejor reconocer que se nos ha dado muy poca información como para que podamos explicar las causas de todas las aflicciones que experimentamos en un mundo imperfecto y afectado por el pecado. Tendremos que esperar para poder tener esa comprensión hasta que venga nuestro Señor soberano, quien nos ha prometido dejar en claro todas las cosas y poner fin a toda injusticia.

Si usted ha comenzado a sentirse desalentado, es muy importante que preste atención de nuevo a lo que dice la Biblia, y reconozca que las pruebas y el sufrimiento con que se está enfrentando no son algo fuera de lo común. Todos los escritores de la Biblia, incluso los gigantes de la fe, experimentaron momentos difíciles parecidos. Mire la experiencia de José, uno de los patriarcas del Antiguo Testamento. Toda su vida estuvo llena de confusión hasta que años más tarde tuvo su triunfante reunión con su familia. Sus hermanos le odiaron hasta el punto de considerar matarle, y luego decidieron venderle como esclavo. Mientras estaba en Egipto, fue encarcelado al haber sido falsamente acusado por la mujer de Potifar de que había tratado de violarla, y se vio en peligro de que lo ejecutaran. No vemos ningún indicio de que Dios le explicara a José lo que Él estaba haciendo durante todos esos años de aflicción, o cómo habrían de encajar en su lugar finalmente las piezas del rompecabezas. Se esperaba de él, como se espera de usted y de mí, que viviera un día a la vez, sin llegar a comprender totalmente lo que le estaba ocurriendo. Lo que agradó a Dios fue la fidelidad de José cuando nada tenía sentido.

Reflexione en el relato acerca de Elías, en el capítulo 17 de 1 Reyes. En los versículos 3 y 4 Dios le dice: "Apártate de aquí, y vuélvete al oriente, y escóndete en el arroyo de Querit, que está frente al Jordán. Beberás del arroyo; y yo he mandado a los cuervos que te den allí de comer". Esas fueron buenas noticias, teniendo en cuenta la gran sequía que había en el país durante ese tiempo. Por lo menos, no moriría de sed. Pero luego leemos en el versículo 7 las siguientes palabras: "Pasados algunos días, se secó el arroyo, porque no había llovido sobre la tierra". ¡Qué cosa más extraña la que ocurrió! ¿Se imagina usted que Elías pensó: "Tú me enviaste a este lugar, Señor, y me prometiste que tendría alimento y agua. Por qué permitiste que se secara el arroyo"? Esa es una pregunta muy buena. ¿Se ha secado alguna vez la fuente de las bendiciones de Dios en su vida?

Vayamos al Nuevo Testamento y observemos a los discípulos y a los demás líderes del comienzo del cristianismo. Juan el Bautista, de quien Jesús dijo que entre los nacidos de mujeres, no había mayor profeta que él, se encontró encadenado en el hediondo calabozo de Herodes. Allí, una malvada mujer, llamada Herodías, hizo que le cortaran la cabeza como venganza, debido a que él la había acusado de comportarse inmoralmente. No se nos dice en la Biblia que algún ángel visitó el calabozo de Juan para explicarle el significado de su persecución. Este gran hombre, consagrado a Dios, que había sido escogido como el precursor de Jesús, atravesó por experiencias que lo dejaron desconcertado, tal y como nos sucede a nosotros. Nos conforta el saber que cuando Juan estaba encarcelado, reaccionó de una manera muy humana. Desde su calabozo le envió un mensaje secreto a Jesús, en el que le preguntó: "¿Eres tú aquel que había de venir, o esperaremos a otro?" ¿Ha sentido usted alguna vez el deseo de hacer esa pregunta?

Preste atención al martirio de Esteban, quien murió apedreado por proclamar el nombre de Cristo. Y al discípulo Jacobo, a quien se le dedica sólo un versículo en el capítulo 12 de Hechos, donde dice: "Y [el rey Herodes] mató a espada a Jacobo, hermano de Juan" (Hechos 12:2). La tradición dice que diez de los doce apóstoles fueron ejecutados (excluyendo a Judas, quien se suicidó, y a Juan quien estaba en el exilio). También creemos que Pablo, quien fue perseguido, apedreado y azotado, más tarde murió decapitado en una cárcel romana. En el capítulo 11 de Hebreos se relata acerca de algunos de los creyentes que sufrieron por el nombre de Cristo: "Otros fueron atormentados, no aceptando el rescate, a fin de obtener mejor resurrección. Otros experimentaron vituperios y azotes, y a más de esto prisiones y cárceles. Fueron apedreados, aserrados, puestos a prueba, muertos a filo de espada; anduvieron de acá para allá cubiertos de pieles de ovejas y de cabras, pobres, angustiados, maltratados; de los cuales el mundo no era digno; errando por los desiertos, por los montes, por las cuevas y por las cavernas de la tierra. Y todos éstos, aunque alcanzaron buen testimonio mediante la fe, no recibieron lo prometido" (Hebreos 11:35-39).

Lea otra vez el último versículo. Fíjese en que estos santos vivieron con la esperanza de una promesa que no había sido cumplida cuando llegó el momento de sus muertes. Nunca recibieron ninguna explicación. Sólo podían aferrarse de su fe para mantenerse firmes en el momento de su persecución. Un comentario en la *Life Application Bible [Biblia de aplicación personal]* dice lo siguiente, acerca de este capítulo: "Estos versículos son un resumen de las vidas de otros grandes hombres y mujeres de la fe. Algunos experimentaron victorias excepcionales, incluso por encima de amenazas de muerte. Pero otros fueron brutalmente maltratados, torturados y hasta asesinados. Tener una fe firme en Dios no garantiza una vida feliz y libre de problemas. Por el contrario, nuestra fe casi nos garantiza que habremos de sufrir alguna forma de abuso de parte del mundo. Mientras estemos en este mundo, tal vez jamás comprenderemos el propósito de nuestro sufrimiento. Pero sabemos que Dios cumplirá las promesas que nos ha hecho". *Esa* es, precisamente, la verdad que debemos comprender.

Muy pocos de nosotros somos llamados a entregar nuestras vidas como los creyentes del comienzo de la iglesia, pero existen algunos ejemplos de ello en estos tiempos modernos. Trate de explicar el siguiente ejemplo. El reverendo Bill Hybels relató una experiencia en su libro: *Too Busy Not To Pray [Demasiado ocupado para no orar]*, que nos habla dramáticamente de esta verdad:

> Hace un par de años, un miembro del grupo musical de mi iglesia y yo, fuimos invitados por un líder cristiano, llamado Yesu, a ir a la parte sur de la India. Allí nos unimos a un equipo de personas procedentes de distintos lugares de los Estados Unidos. Nos dijeron que Dios nos usaría con el fin de alcanzar para Cristo a los musulmanes, a los hindúes y a otras personas que no tenían ninguna religión. Todos pensábamos que Dios nos había llamado con ese propósito, pero ninguno de nosotros sabía qué era lo que podíamos esperar que sucediera.
>
> Cuando llegamos, Yesu se reunió con nosotros y nos invitó a ir a su casa. Durante algunos días, nos habló de su ministerio.
>
> El padre de Yesu, quien era un dinámico líder y orador, había comenzado la misión en una área cuya población era mayormente hindú. Un día, uno de los líderes hindúes vino a ver al padre de Yesu y le pidió que orara por él. Como tenía muchas ganas de orar con él, con la esperanza de que le guiaría a aceptar a Jesucristo, lo llevó con él a una habitación privada, se arrodilló junto con él, cerró los ojos y comenzó a orar. Mientras

oraba, el hindú metió una mano debajo de su bata, sacó un cuchillo y le apuñaleó varias veces.

Al oír los gritos de su padre, Yesu corrió a ayudarle. Le sostuvo en sus brazos, mientras que la sangre que brotaba de las heridas caía sobre el piso. Tres días después, su padre murió. Cuando se encontraba en su lecho de muerte, le dijo a su hijo: "Por favor, dile a ese hombre que le he perdonado.

Cuida de tu madre y sigue adelante con el ministerio. Haz todo lo que sea necesario con el fin de ganar a las personas para Cristo".

¡Qué historia más alentadora y humillante! Me hace sentir avergonzado por haberme quejado de los problemas y las frustraciones insignificantes que he experimentado a través de los años. Un día, el Señor pudiera exigir de mí un sacrificio como ése por la causa de Cristo. Si fuera así, le pido a él que me dé el valor suficiente para aceptar **cualquiera** que sea su voluntad para mí. Incalculables multitudes han dedicado sus vidas de esta manera a su servicio.

Así que dígame, ¿de dónde hemos sacado la idea de que la vida cristiana es algo fácil? ¿Dónde está la evidencia de la teología de "decirlo y reclamarlo", que promete que Dios irá delante de nosotros con su gran escoba cósmica barriendo a un lado todas las pruebas y las incertidumbres inquietantes que pudiera haber en nuestro camino? Por lo contrario, Jesús dijo a sus discípulos que deberían esperar tener sufrimientos. Les advirtió: "Estas cosas os he hablado para que en mí tengáis paz. En el mundo tendréis aflicción; pero confiad, yo he vencido al mundo" (Juan 16:33). El apóstol Pablo escribió: "... sobreabundo de gozo en todas nuestras tribulaciones.

Porque de cierto, cuando vinimos a Macedonia, ningún reposo tuvo nuestro cuerpo, sino que en todo fuimos atribulados; de fuera, conflictos; de dentro, temores" (2 Corintios 7:4-5). Pedro no nos dejó ninguna posibilidad de duda acerca de las dificultades en la vida cristiana, cuando escribió: "Amados, no os sorprendáis del fuego de prueba que os ha sobrevenido, como si alguna cosa extraña os aconteciese, sino gozaos por cuanto sois participantes de los padecimientos de Cristo, para que también en la revelación de su gloria os gocéis con gran alegría" (1 Pedro 4:12-13). Preste atención, en cada uno de estos versículos, a la coexistencia tanto del gozo como del dolor.

Esto es lo que los escritores bíblicos nos han dicho de manera muy clara que podemos esperar, y sin embargo parece que estamos decididos a escribir nuevamente la Biblia. Esa clase de actitud nos hace presas fáciles de las trampas de Satanás.

Mi preocupación es que parece que muchos creyentes piensan que Dios tiene la obligación de permitirles navegar en un mar calmado, o de por lo menos darles una explicación completa (y tal vez pedirles disculpas) por las dificultades que encuentran en su camino. Nunca debemos olvidar que él, después de todo, es **Dios**. El es majestuoso, santo y soberano. No tiene que rendirle cuentas a nadie. No es un recadero a nuestro servicio. No es un genio que sale de una botella para satisfacer nuestros caprichos. No es nuestro siervo. Nosotros lo somos de él. Y la razón de nuestra existencia es glorificarle y honrarle. Aun así, a veces él realiza poderosos milagros a nuestro favor. A veces el escoge explicarnos lo que ha hecho en nuestras vidas. A veces su presencia es tan real como si nos hubiésemos encontrado con él cara a cara. Pero en otras ocasiones, cuando nada de lo que nos sucede tiene sentido, cuando pensamos que las experiencias que estamos teniendo "no son justas", cuando nos sentimos totalmente solos en la Sala de Espera de Dios, él simplemente nos dice: "¡Confía en mí!"

¿Quiere decir esto que estamos destinados a sentirnos deprimidos y tomados como víctimas por las circunstancias en nuestras vidas? Desde luego que no. Pablo dijo que "somos más que vencedores" (Romanos 8:27). El escribió en Filipenses 4:4-7: "Regocijaos en el Señor siempre. Otra vez digo: ¡Regocijaos! Vuestra gentileza sea conocida de todos los hombres. El Señor está cerca. Por nada estéis afanosos, sino sean conocidas vuestras peticiones delante de Dios en toda oración y ruego, con acción de gracias. Y la paz de Dios, que sobrepasa todo entendimiento, guardará vuestros corazones y vuestros pensamientos en Cristo Jesús".

Sin lugar a dudas, lo que tenemos en la Biblia es una paradoja. Por una parte, se nos advierte que esperemos sufrimientos y dificultades, que pudieran llegar a costarnos incluso nuestras propias vidas. Por otra parte, se nos alienta a que nos regocijemos, seamos agradecidos y tengamos buen ánimo. ¿Cómo podemos unir estas dos ideas contradictorias? ¿Cómo podemos ser victoriosos y estar bajo intensa presión al mismo tiempo? ¿Cómo podemos sentirnos seguros cuando estamos rodeados por la inseguridad? Este es un misterio que, según el apóstol Pablo, "sobrepasa todo entendimiento".

En el siguiente capítulo, hablaremos de los principios que nos guían a esta extraordinaria tranquilidad de espíritu en medio de la tormenta, la cual también está a la disposición de usted.

3

—

*Lo que
Dios hace
tiene sentido
aun cuando
no lo tenga
para nosotros*

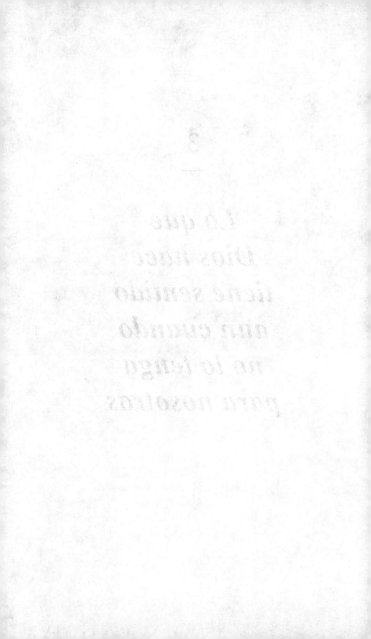

Por muchos años he estado pensando en esas ocasiones cuando lo que Dios hace no tiene sentido. Estaba acercándome al final de la adolescencia cuando de súbito el primer "pavoroso por qué" hizo su aparición en mi mente. No recuerdo hoy qué fue lo que provocó ese pensamiento agobiante, pero sabía que me encontraba en una situación para la cual necesitaba más fortaleza de la que yo tenía. Ahora he podido disponer de un poco más de tiempo (bueno, tal vez más que un poco), para estudiar la Palabra y ordenar mis puntos de vista. Han pasado cincuenta y tres años desde que le entregué mi corazón a Jesucristo, a la edad de tres años. Aún estoy dedicado a servir a mi Señor con todas las fuerzas de mi ser, y esta convicción es más fuerte y profunda hoy de lo que jamás ha sido.

Además, el transcurso del tiempo y los consejos de algunos eruditos de la Biblia me han ayudado a aceptar lo que creo que es el concepto correcto acerca de esos períodos cuando la fe es fuertemente puesta a prueba. Creo que he obtenido una mejor idea de quién es Dios y cómo trata con nosotros, especialmente en cuatro esferas de actividad específicas.

1. Dios está presente e involucrado en nuestras vidas aunque parezca que no nos oye o que nos ha abandonado.

Cuando era niño, escuché un programa de misterio en la radio que cautivó mi imaginación. Era la historia de un hombre que había sido condenado a estar incomunicado en una celda oscura como boca de lobo. Lo único que tenía para mantener ocupada su mente, era una canica, que tiraba repetidamente contra las paredes. Se pasaba las horas oyendo el ruido que hacía al rebotar y rodar por toda la celda. Luego la buscaba a tientas en la oscuridad hasta que la encontraba.

Entonces, un día, el prisionero tiró su valiosa canica hacia arriba, pero ésta nunca cayó al suelo. Sólo reinó el silencio en la oscuridad. Se sintió tan angustiado por la "desaparición" de la canica y por no poder explicar qué era lo que había ocurrido, que se volvió loco, y se puso a arrancarse el pelo hasta que finalmente murió.

Cuando los oficiales de la cárcel entraron en la celda para sacar su cuerpo, uno de los guardias vio que había algo atrapado en una enorme telaraña que estaba en la parte de arriba de uno de los rincones de la celda. "Qué raro", pensó. ¿Cómo habrá ido a dar allá arriba esa canica?"

Como la historia de este frenético prisionero ilustra, a veces la percepción del ser humano plantea preguntas que la mente no puede contestar. Pero siempre existen respuestas lógicas. Sencillamente, tiene sentido que aquellos de nosotros que somos seguidores de Cristo no dependamos demasiado de nuestra habilidad para armar el rompecabezas, ¡especialmente cuando tratamos de comprender al Omnipotente!

No sólo la percepción humana es muy imprecisa y deficiente, sino que aun podemos confiar menos en nuestras emociones. Tienen la consistencia y la confiabilidad de la masilla. Hace algunos años, escribí un libro titulado: *Emociones: ¿puede usted confiar en ellas?*, en el cual utilicé casi doscientas páginas para responder mi propia pregunta negativamente. No, no podemos confiar en nuestros sentimientos y pasiones para dejarles gobernar nuestras vidas o evaluar el mundo que nos rodea. Las emociones son indignas de confianza, parciales y caprichosas. Mienten con tanta frecuencia como con la que dicen la verdad. Son influenciadas por las hormonas, especialmente durante la adolescencia, y varían dramáticamente desde la mañana, cuando estamos tranquilos, hasta la noche, cuando nos sentimos cansados. Una de las evidencias de la madurez emocional es la habilidad (y la disposición) para desechar los sentimientos circunstanciales, y gobernar nuestro comportamiento con el intelecto y la voluntad. ¿Era necesario utilizar casi doscientas páginas para decir *eso*?)

Si en el mejor de los casos debemos desconfiar de nuestra percepción y de las emociones, entonces tenemos que ser muy cautelosos en cuanto a aceptar lo que ellas nos dicen de Dios. Lamentablemente, muchos creyentes parecen no darse cuenta de la existencia de esta fuente de confusión y desilusión. Es típico de las personas vulnerables el aceptar firmemente lo que "sienten" acerca de Dios. Pero lo que sienten pudiera ser solamente el reflejo de un estado de ánimo momentáneo. Además, la mente, el cuerpo y el espíritu son vecinos muy cercanos. Suelen afectarse mutuamente con mucha facilidad. Por ejemplo, si una persona está deprimida, eso no solamente afecta su bienestar físico y emocional, sino que también padece su vida espiritual. La persona puede llegar a hacer la siguiente conclusión: "Dios no me ama. Simplemente, no creo que cuento con su aprobación". Igualmente, lo primero que es muy probable que alguien diga cuando el médico le diagnostica una enfermedad grave, es: "¿Por qué Dios me ha hecho esto?" Estos tres elementos que componen nuestro ser están inseparablemente unidos y debilitan la objetividad de nuestra percepción.

Este concepto se vuelve sumamente importante cuando se trata de evaluar nuestra relación con Dios. Aunque parezca qué está a mil kilómetros de nosotros y que no tiene ningún interés en lo que nos ocurre, él está lo suficientemente cerca como para tocarnos. Un maravilloso ejemplo de su presencia inadvertida se describe en los versículos 13 y 14 del capítulo 24 de Lucas, cuando dos de los discípulos de Jesús iban caminando hacía una aldea llamada Emaús, que estaba a unos once kilómetros de Jerusalén. Tres días antes, ellos habían visto cómo su Maestro había sufrido una muerte horrible, clavado en una cruz, y estaban muy deprimidos. Todas sus esperanzas habían muerto también en aquella cruz. Todas las cosas dramáticas que Jesús había dicho y hecho, ahora parecían ser falsas. Había hablado con tal autoridad, pero ahora, estaba muerto y sepultado en una tumba prestada. El había dicho ser el Hijo de Dios, sin embargo, le habían escuchado decir en sus últimas horas: "Dios mío, Dios mío, ¿por qué me has desamparado?" (Mateo 27:46) Los discípulos no podían haber estado más confundidos. ¿Cuál era el significado del tiempo que habían pasado con aquel Hombre que había dicho ser el Mesías?

De lo que no se habían dado cuenta era de que, en ese mismo momento, Jesús estaba caminando junto con ellos por aquel camino polvoriento, y que estaban a punto de oír las noticias más maravillosas que jamás alguien había oído. Noticias que revolucionarían sus vidas, y virarían el resto del mundo al revés. No obstante, en ese momento todo lo que ellos vieron fueron hechos que no podían armonizar. Ellos tenían, según mi entender, un problema de *percepción*.

En mi trabajo ayudando a familias cristianas que están en crisis, me doy cuenta de que las mismas están luchando de maneras muy parecidas a como lo hicieron los discípulos. A medida que caminan penosamente, absortos, no hay ninguna evidencia de que Jesús está cerca de ellos. Debido a que no "sienten" su presencia, no pueden creer que él se interesa en ellos. Como los hechos no tienen sentido, están convencidos de que no existe ninguna explicación razonable. Sus oraciones no producen ningún alivio inmediato, así que suponen que Dios no las oye. Pero están equivocados. Tengo el firme convencimiento de que en esos casos las personas confían demasiado en lo que sienten, y muy poco en las promesas de Dios, quien dijo que él suplirá todas nuestras necesidades "conforme a sus riquezas en gloria en Cristo Jesús" (Filipenses 4:19).

Si hoy usted se encuentra yendo por ese polvoriento camino hacia Emaús, y las circunstancias en su vida le han dejado confundido y deprimido, tengo un consejo para usted. Nunca se imagine que el silencio de Dios, o su aparente inactividad, es evidencia de su falta de interés. Permítame decirlo otra vez. ¡Los sentimientos acerca de su inaccesibilidad no quieren decir nada! ¡Nada en absoluto! Su Palabra es infinitamente más digna de confianza que nuestras horripilantes emociones. El reverendo Reubin Welch, ministro y autor, dijo en una ocasión: "Con Dios, aun cuando nada está ocurriendo, *algo* está ocurriendo". Esto es cierto. El Señor siempre está obrando en su manera especial, incluso cuando nuestras oraciones parecen resonar en un universo vacío.

No ponga su fundamento sobre las emociones efímeras, sino sobre la autoridad de la Palabra de Dios. El ha prometido no abandonarnos nunca (Mateo 28:20). El dijo: "Porque donde están dos o tres congregados en mi nombre, allí estoy yo en medio de ellos" (Mateo 18:20). El es un amigo "más unido que un hermano" (Proverbios 18:24). Se nos asegura que "los ojos del Señor están sobre los justos, y sus oídos atentos a sus oraciones" (1 Pedro 3:12) David dijo: "¿A dónde me iré de tu Espíritu? ¿Y a dónde huiré de tu presencia? Si subiere a los cielos, allí estás tú; y si en el Seol hiciere mi estrado, he aquí, allí tú estás. Si tomare las alas del alba y habitare en el extremo del mar, aun allí me guiará tu mano, y me asirá tu diestra" (Salmo 139:7-10). Estas promesas y proclamaciones permanecen siendo verdaderas aunque no tengamos sentimientos espirituales. ¡Agárrese firmemente de esa verdad! Porque, como dijo Kierkegaard: "La fe es aferrarse de lo incierto con una convicción apasionada".

2. El tiempo en que Dios actúa es perfecto, aun cuando parezca estar desastrosamente atrasado.

Uno de los mayores destructores de la fe, es el *tiempo de actuar* que no está de acuerdo con nuestras ideas preconcebidas. Vivimos en un mundo de ritmo acelerado, en el cual hemos llegado a esperar respuestas instantáneas a cada deseo y necesidad. Hay café instantáneo, papas instantáneas, dinero instantáneo de las máquinas de los bancos. Alivio instantáneo para los músculos doloridos y los pequeños dolores de cabeza. Es casi nuestro patrimonio hacer que el mundo se apresure en servir nuestras exigencias. Pero Dios no obra de esa manera. El jamás está apurado. Y a veces, él puede ser angustiosamente lento para resolver los problemas sobre los cuales llamamos su atención. Eso es casi suficiente para hacer que un creyente impaciente se dé por vencido y trate de buscar la ayuda de algún otro.

Sin embargo, antes de perder la esperanza, debiéramos dar una mirada a la historia de María, Marta y su hermano Lázaro, según se nos relata en el capítulo 11 del libro de Juan. Los miembros de esta pequeña familia se encontraban entre los amigos más íntimos de Jesús durante el tiempo de su ministerio terrenal. En el versículo 5 dice: "Y amaba Jesús a Marta, a su hermana y a Lázaro". Era razonable, teniendo en cuenta este amor, que ellos esperaran ciertos favores de parte de Jesús, especialmente si en alguna ocasión la vida de alguno de ellos estaba en peligro. En realidad, muy pronto se vieron enfrentándose, precisamente, a esa clase de situación cuando Lázaro se enfermó gravemente. Sus hermanas hicieron lo que era lógico: le enviaron una nota urgente a Jesús, en la cual le decían: "Señor, he aquí el que amas está enfermo". Ellas tenían toda clase de razones para creer que Dios respondería.

María y Marta esperaron, observando el camino por el cual debía aparecer Jesús, pero él no llegó. Las horas se convirtieron en días, sin que hubiera ninguna señal de la llegada del Maestro. Mientras tanto, Lázaro estaba cada vez más grave. No había ninguna duda de que estaba a punto de morir. Pero, ¿dónde estaría Jesús? ¿Habría recibido el mensaje? ¿No sabía él cuán grave era la enfermedad? ¿No le importaba? Mientras sus hermanas estaban sentadas vigilantemente junto a la cama de Lázaro, de pronto éste cerró sus ojos bajo el poder de la muerte.

Las hermanas estaban muy afligidas. También deben de haberse sentido sumamente frustradas con Jesús. El estaba en algún lugar realizando milagros en personas que eran totalmente desconocidas: devolviéndoles la vista a los ciegos y sanando a los cojos. Sin embargo, tanto su hermano como ellas necesitaban urgentemente su ayuda, y él estaba demasiado ocupado para venir. Puedo imaginarme a María y a Marta diciendo una a la otra, muy calladamente: "No entiendo esto. Yo creía que él nos amaba. ¿Por qué nos habrá abandonado así?" Envolvieron el cuerpo de Lázaro en una mortaja y llevaron a cabo un pequeño y triste funeral. Jesús no estaba allí. Luego se despidieron de su hermano y amorosamente colocaron su cuerpo en una tumba.

María y Marta amaban a Jesús con todo el corazón, pero habría sido razonable que las dos hubieran estado enojadas cuando cuatro días después él apareció. Pudieran haberse sentido tentadas a decirle: "¿Dónde has estado? Tratamos de decirte que tu amigo estaba muriéndose, pero no pudimos lograr que nos prestaras atención. Bueno, has llegado demasiado tarde. Hubieras podido salvarle, pero por lo visto había cosas más importantes en tu mente". Pero, desde luego, las palabras de María fueron mucho más respetuosas. Le dijo: "Señor, si hubieses estado aquí, mi hermano no habría muerto" (Juan 11:21). Estaba llorando mientras hablaba, y el Señor "se estremeció en espíritu y se conmovió" (v. 33).

Entonces, Jesús realizó uno de sus milagros más dramáticos, llamando a Lázaro para que saliera de la tumba. Como podemos ver, el Maestro no estaba realmente atrasado. Sólo parecía estarlo. Llegó en el momento preciso, que era necesario para cumplir con los propósitos de Dios, tal y como siempre lo hace.

No es mi intención el ser irrespetuoso, pero lo que sucedió allí, en Betania, es característico de la vida cristiana. ¿No se ha dado cuenta usted de que Jesús suele aparecer unos cuatro días tarde? A menudo, llega después que hemos llorado, nos hemos preocupado y hemos ido de un lado a otro, luego que hemos pasado por la terrible experiencia de recibir los resultados negativos de un examen médico, o de inquietarnos por distintos contratiempos en los negocios. Si él hubiera llegado a tiempo, habríamos podido evitar mucho del estrés que experimentamos en su ausencia. Sin embargo, es muy importante que nos demos cuenta de que realmente él nunca llega tarde. Sencillamente, el horario en que él actúa es diferente del nuestro. ¡Y suele ser más lento!

Permítame dar un ejemplo, de mi propia experiencia, que aclare este concepto. En 1985, Edwin Meese, Procurador General de los Estados Unidos, me pidió que sirviera en su Comité sobre la Pornografía. Esa fue la tarea más difícil y desagradable que se me ha encomendado en mi vida. Durante dieciocho meses, los otros diez miembros y yo, estuvimos encargados de una responsabilidad ingrata y repugnante. Viajamos mucho, y examinamos las revistas, los libros, las películas y los videos más horribles del mundo entero. Como los Estados Unidos es la principal fuente mundial de obscenidad, estuvimos sumergidos en esa suciedad durante lo que nos pareció ser una eternidad. Además, los productores de pornografía y los vendedores de materiales obscenos no nos perdían pie ni pisada, como si hubieran sido una manada de lobos siguiendo a un rebaño de renos. Hicieron todo lo que pudieron para intimidarnos y humillarnos.

Recuerdo estar sentado en las audiencias públicas, día tras día, con varias cámaras dirigidas a mi rostro. Por horas, podía ver mi imagen invertida reflejada en sus lentes, lo cual hace que uno tienda a sentirse cohibido. Los fotógrafos estaban esperando que yo hiciera algo vergonzoso, tal como poner una cara rara o colocar mi dedo cerca de la nariz. Un día, cuando me levanté a la hora del almuerzo para ir a comer, al darme vuelta me enfrenté con un fotógrafo que no dejaba de tomarme fotos con su cámara, a sólo unos centímetros de mi cara. Siempre había micrófonos sobre la mesa cerca de mí para grabar cada palabra que yo susurrara o cada declaración que hiciera. El siguiente mes, hicieron una parodia de mis comentarios en varias publicaciones pornográficas. En la revista *Hustler* sobrepusieron mi foto en el trasero de un burro, confiriéndome el título de Imbécil del Mes. El procurador general nunca dijo que la tarea sería fácil.

Esos esfuerzos por humillarme sólo fueron una molestia momentánea. Más tarde, cañones más grandes serían traídos al frente de batalla, y serían disparados muy pronto. Un pleito por treinta millones de dólares fue presentado por tres organizaciones: *Playboy*, *Penthouse*, y la American Magazine Association [Asociación Americana de Revistas], poco después que hicimos nuestro último informe. En el se nombraban, como demandados, a cada miembro del Comité, a su director ejecutivo

(Alan Sears) y a Edwin Meese, procurador general de los Estados Unidos. La demanda consistía de unas cuantas acusaciones fantásticas, que nuestros abogados dijeron que no llegarían a ningún lado. Los abogados del Departamento de Justicia nos dijeron que no nos preocupáramos, que el caso sería rechazado por los tribunales en poco tiempo. Pero estaban equivocados.

El asunto fue asignado al Juez John Garrett Penn, quien es uno de los jueces más liberales en la parte noreste de los Estados Unidos. Parece mentira que él retuvo ese ridículo caso en su escritorio por más de dos años antes de fallar en una moción para llevar a cabo un juicio sumario. Finalmente, falló a nuestro favor. Inmediatamente, los litigantes apelaron, y tuvimos que quedar otro año a la expectativa. Volvimos a ganar, y nuestra victoria fue seguida por otra apelación. Durante siete años la amenaza de este pleito se cirnió sobre nosotros, a medida que se abría camino a través del sistema legal. Finalmente, llegó hasta la Corte Suprema, a principios del año 1992, lo cual, gracias a Dios, puso fin a esa terrible experiencia. ¡Esa fue la manera en que once ciudadanos fueron recompensados por servir a su país, a petición de éste, sin ninguna remuneración!

Volviendo a nuestro tema, diré que Shirley y yo oramos por este pleito desde que fue presentado ante los tribunales en 1986. Durante ese tiempo yo tenía responsabilidades muy grandes en Focus on the Family [Enfoque a la Familia], y por seguro no necesitaba esa distracción. Pedimos que la "copa" pasara de nosotros, pero no hubo una respuesta inmediata del Señor. Así que, se le permitió a todo el proceso que siguiera su curso normal, lo cual produjo un agotamiento inevitable de mis recursos físicos y emocionales. Seis años después, Jesús "apareció" y todo el asunto fue resuelto. Pero ¿por qué, me pregunté, llegó él "cuatro días tarde"? Se ganó algo con la demora del caso en los tribunales? Estoy seguro de que sí, porque sé que cada oración es contestada, ya sea positiva o negativamente. También creo literalmente, que "a los que aman a Dios, todas las cosas les ayudan a bien, esto es, a los que conforme a su propósito son llamados" (Romanos 8:28). Sin embargo, no puedo explicar o entender por qué tuve que pasar por seis años de tiempo y de energías desperdiciados para poder resolver ese irritante problema. Pero la realidad es que eso no importa, ¿verdad? No necesito saber por qué el Señor permitió que ese pleito continuara. Con tal de que yo sepa que él me ama y que nunca comete un error, ¿por qué no voy a sentirme contento de descansar en su protección?

Como resultado de mi estudio de la Biblia y también de experiencias personales parecidas a la que acabo de describir, he llegado a la conclusión de que la manera en que Dios utiliza el tiempo y la energía es muy diferente de la nuestra. La mayoría de los que vivimos en las naciones occidentales nos sentimos motivados a utilizar cada minuto de nuestra existencia con algún propósito beneficioso. Pero, a veces, el Señor permite que nuestros años sean "desperdiciados", o eso es lo que parecerá, sin ni siquiera dar una mirada atrás. Por ejemplo, es difícil de comprender por qué Dios trató con David de la manera en que lo hizo. El Señor escogió personalmente a este joven pastor de ovejas, de entre todos los jóvenes de Israel, para que reemplazara a Saúl como rey. Ni siquiera Isaí, el padre de David, podía creer que en vez de Dios haber elegido a alguno de sus otros siete hijos, hubiese escogido al más joven de todos.

Sin embargo, David fue nombrado como el futuro patriarca de Israel. Qué feliz comienzo para un joven pastor de ovejas.

Pero demos otra mirada a esta historia. Luego, Dios permitió que Saul persiguiera a David hasta hacerle ir al desierto, donde pasó catorce años huyendo para proteger su vida. Desde el punto de vista humano, ese tiempo en el que David anduvo como un fugitivo fue un enorme desperdicio de los años de su juventud. Hubiera podido prepararse para ocupar ese puesto de líder nacional, o haber participado en una infinidad de actividades que valieran la pena. Al parecer, casi cualquier otra cosa hubiera sido más provechosa que estar sentado junto a una hoguera relatando historias de la guerra, y preguntándose dónde aparecerían inesperadamente Saul y sus alegres soldados. David debe de haberse sentido desesperado al pensar que nunca podría regresar a su hogar. Pero el Señor lo tenía precisamente donde quería que él estuviera. Es evidente que en el plan de Dios no existe la "tiranía de lo urgente". El actúa de acuerdo con el orden de su propio horario. Incluso Jesús, quien vivió treinta y tres años en esta tierra, ¡sólo pasó tres años ministrando activamente! Piense en cuántas personas más podría haber sanado, y cuántas más verdades divinas habría podido impartir, en una o dos décadas más.

Preste atención al talento humano que durante siglos ha sido "desperdiciado" por causa de muertes prematuras o enfermedades. Por ejemplo, es posible que Wolfgang Mozart haya tenido la mente musical más formidable en la historia del mundo. Compuso su primera sinfonía a la edad de cinco años, y produjo una amplia cantidad de obras extraordinarias. Pero murió a

la edad de treinta y cinco años, completamente arruina-
do, sin haber podido atraer ningún interés hacia sus
composiciones. Su posesión más valiosa, cuando llegó
el momento de su muerte, era un violín que tenía un
valor aproximado de dos dólares. Fue enterrado en una
tumba para indigentes, la cual ni siquiera fue marcada
con su nombre, y nadie asistió a su funeral. ¿Quién dijo
que la vida es justa?

Aunque no estoy consciente de ninguna evidencia de
que Mozart fue creyente, aun así me resulta interesante
observar el papel que el Señor desempeñó en su prema-
turo fallecimiento. Imagínese por un momento toda la
música que Mozart habría podido componer si se le
hubiera permitido vivir otros veinte o treinta años. ¿No
disfrutaría usted al escuchar lo "mejor de las sinfonías
que nunca fueron compuestas", y que podrían haber
sido creadas por este genio en proceso de maduración?
¿Qué acerca de Ludwig van Beethoven, quien comenzó
a perder el oído antes de tener treinta años de edad?
Tome en cuenta a los grandes líderes cristianos, que
fueron quitados de este mundo antes que hicieran uso
de todo su potencial, tales como Oswald Chambers,
quien murió a los cuarenta y tres años; Dietrich Bon-
hoeffer, que fue ahorcado por los nazis a la edad de
treinta y nueve; Peter Marshall, quien murió a los cuarenta y siete años; etcétera. ¿Cuál fue el propósito de
Dios al dotar de habilidades extraordinarias a hombres
y mujeres cuyas vidas serían abreviadas por la muerte?
No lo sé.

El otro aspecto de esta pregunta tiene que ver con las
personas a las que se les permitió tener una larga vida
a pesar de su rebeldía hacia Dios. Por ejemplo, en el
capítulo 21 del libro Segundo de Reyes, leemos acerca

de un hombre así. Su nombre fue Manasés, hijo del rey Ezequías, quien tal vez fue el déspota más malvado que gobernó en Jerusalén. Manasés subió al poder cuando tenía doce años de edad, "e hizo lo malo ante los ojos de Jehová" (v. 2) todos los días de su vida. Levantó altares al dios falso Baal, y llegó hasta a colocar ídolos de madera en el templo del Señor. Hizo quemar a sus hijos, practicó la brujería, consultó a los espíritus y a los médiums, "multiplicando así el hacer lo malo ante los ojos de Jehová, para provocarlo a ira" (v. 6). "Manasés los indujo a que hiciesen más mal que las naciones que Jehová destruyó delante de los hijos de Israel". Finalmente, leemos: "Fuera de esto, derramó Manasés mucha sangre inocente en gran manera, hasta llenar a Jerusalén de extremo a extremo; además de sus pecados con que hizo pecar a Judá, para que hiciese lo malo ante los ojos de Jehová" (v. 16). Debido a esta gran maldad, el juicio de Dios fue descargado sobre las futuras generaciones, pero no sobre Manasés, quien reinó cincuenta y cinco años (v. 1), "y durmió con sus padres, y fue sepultado en el huerto de su casa, en el huerto de Uza" (v. 18). Ahí termina la historia.

No tengo ninguna duda de que en el día del juicio, Manasés recibirá el terrible castigo de Dios, pero parece extraño que durante cincuenta y cinco años se le permitiera asesinar a personas inocentes, sacrificar a sus propios hijos y blasfemar el nombre de Dios. Por otra parte, Dios le quitó la vida instantáneamente a Uza por haber cometido un sólo delito, al sostener el arca del pacto para impedir que ésta se cayera (2 Samuel 6:6-7). Y en el Nuevo Testamento tenemos el caso de Ananías y Safira, los cuales sufrieron la pena de muerte por haber mentido acerca de sus donativos para ayudar a los creyentes. Esto parece no tener sentido.

¿Qué conclusiones podemos sacar de estas aparentes contradicciones, excepto: "Dejemos que Dios sea Dios"? El no tiene que justificarse ante el hombre. **Podemos** decir con confianza que aunque sus propósitos y sus planes son muy diferentes de los nuestros, él es infinitamente justo y el tiempo en que él actúa es siempre perfecto. El interviene en el momento preciso para nuestro mayor bien. Antes que escuchemos su voz, sería muy sabio de nuestra parte que no nos excitemos.

3. Por razones que no se pueden explicar, los seres humanos somos increíblemente valiosos para Dios.

Uno de los conceptos más imponentes que encontramos en la Biblia, es la revelación de que Dios nos conoce a cada uno de nosotros personalmente, y que día y noche piensa en nosotros. Sencillamente no podemos comprender todas las consecuencias de este amor del Rey de reyes y Señor de señores hacia nosotros. El es omnipotente y omnisciente, majestuoso y santo, por toda la eternidad. ¿Por qué ha querido él interesarse en nosotros, nuestras necesidades, nuestro bienestar y nuestros temores? Hemos hablado de situaciones en las que lo que Dios hace no tiene sentido. Pero su interés en nosotros, simples mortales, es lo más inexplicable de todo.

También Job tuvo dificultades para comprender por qué el Creador ha querido interesarse en los seres humanos. El preguntó: "¿Qué es el hombre, para que lo engrandezcas, y para que pongas sobre él tu corazón, y lo visites todas las mañanas? (Job 7:17-18) David tenía en mente la misma pregunta cuando escribió: "¿Qué es el hombre, para que de él te acuerdes, y el hijo del hombre, para que lo cuides?" (Salmo 8:4, LBLA) Y de nuevo, en el Salmo 139 dijo: "Oh Jehová, tú me has examinado y conocido. Tú has conocido mi sentarme y mi levantarme; has entendido desde lejos mis pensamientos. Has escudriñado mi andar y mi reposo, y todos mis caminos te son conocidos. Pues aún no está la palabra en mi lengua, y he aquí, oh Jehová, tú la sabes toda" (vv 1-4). ¡Qué concepto tan increíble!

No sólo él se acuerda de cada uno de nosotros, sino que se describe a sí mismo a través de la Biblia como nuestro Padre. En Lucas 11:13 leemos: "Pues si vosotros, siendo malos, sabéis dar buenas dádivas a vuestros hijos, ¿cuánto más vuestro Padre celestial dará el Espíritu Santo a los que se lo pidan?" El Salmo 103:13 dice: "Como el padre se compadece de los hijos, se compadece Jehová de los que le temen". Pero por otra parte, se compara con una madre en Isaías 66:13, donde dice: "Como aquel a quien consuela su madre, así os consolaré yo a vosotros..."

Como tengo dos hijos, que ya son adultos, puedo identificarme con estas analogías relacionadas con el padre y la madre, que me ayudan a comprender cómo Dios siente hacia nosotros. Shirley y yo, daríamos nuestras vidas por Danae y Ryan sin pensarlo dos veces, si fuera necesario. Todos los días oramos por ellos, y nunca están muy lejos de nuestros pensamientos. ¡Y cuán vulnerables somos al dolor que ellos sienten! ¿Será posible que realmente Dios amé a su familia humana infinitamente más de lo que nosotros, "siendo malos", podemos amar a aquellos que son parte de nuestra propia carne y sangre? Eso es precisamente lo que la Palabra de Dios nos dice.

Un incidente que ocurrió cuando nuestro hijo era muy pequeño, fue un ejemplo para mí del profundo amor de nuestro Padre celestial. Ryan tuvo una terrible infección del oído a los tres años de edad, que nos mantuvo despiertos, tanto a él como a nosotros, casi toda la noche. La siguiente mañana, Shirley lo abrigó bien y lo llevó al pediatra. El doctor era un hombre algo viejo, que tenía muy poca paciencia para tratar con niños intranquilos. Tampoco era muy afectuoso con los padres.

Después de examinar a Ryan, el doctor le dijo a Shirley que la infección se había adherido al tímpano, y que solamente podía ser tratada arrancando la postilla con un instrumento pequeño y horroroso. Advirtió que el procedimiento causaría dolor, y le dio instrucciones a Shirley para que aguantara fuertemente a su hijo sobre la mesa. Esas noticias no sólo asustaron a Shirley, sino que Ryan entendió lo suficiente como para ponerlo en órbita. Durante ese tiempo, hacer eso no era muy difícil.

Shirley hizo lo mejor que pudo. Colocó a Ryan en la mesa de examinación y trató de aguantarlo. Pero él no estaba dispuesto a dejarse aguantar. Cuando el doctor le metió en el oído aquel instrumento, que parecía una ganzúa, se soltó y empezó a dar unos gritos que llegaban al cielo. Entonces, el pediatra se enojó con Shirley, y le dijo que si ella no podía seguir las instrucciones tendría que llamar a su esposo. Yo estaba en la vecindad y rápidamente llegué a la sala de reconocimientos. Después de escuchar lo que era necesario hacer, tragué saliva, y puse todo mi cuerpo con sus noventa kilos y su metro y cinco centímetros alrededor de su pequeño cuerpo. Ese fue uno de los peores momentos de mi carrera como padre.

Lo que hizo que aquel fuera un momento tan emocional, fue el espejo horizontal que estaba delante de Ryan en la parte de atrás de la mesa de examinación. Eso le permitió a él mirarme directamente mientras gritaba pidiendo misericordia. Realmente creo que yo estaba sintiendo un dolor más grande que el que sentía mi pequeño hijo. Aquello era insoportable. Lo solté, y recibí una versión reforzada de la misma reprimenda que Shirley había recibido unos minutos antes. Sin embargo, finalmente el malhumorado pediatra y yo terminamos la tarea.

Más tarde, reflexioné en lo que yo sentía cuando Ryan estaba sufriendo tanto. Lo que más me había dolido era ver la expresión en su rostro. Aunque estaba gritando, y no podía hablar, me estaba "hablando" con sus grandes ojos azules. Me decía: "Papi, ¿por qué me estás haciendo esto? Yo creía que me amabas. ¡Nunca pensé que me harías algo como esto! ¿Cómo has podido...? ¡Por favor, por favor, deja de hacerme daño!"

No podía explicarle a Ryan que su sufrimiento era necesario para su propio bien, que yo estaba tratando de ayudarle, que era mi amor hacia él lo que me obligaba a aguantarle sobre aquella mesa. ¿Cómo podía hablarle yo de mi compasión en aquel momento? Con gusto habría tomado su lugar, si hubiera podido. Pero en su mente inmadura, yo era un traidor que cruelmente lo había abandonado.

Entonces me di cuenta de que deben haber momentos cuando también Dios siente nuestro intenso dolor, y sufre junto con nosotros. ¿No será ésa una de las características de un Padre cuyo amor es infinito? Cómo debe sufrir él cuando en nuestra confusión decimos: "¿Cómo pudiste hacer esta cosa tan terrible, Señor? ¿Por qué tenías que hacérmelo a mí? ¡Yo creía que podía confiar en ti! ¡Pensaba que tú eras mi amigo!" ¿Cómo puede explicarnos él, teniendo en cuenta nuestras limitaciones humanas, que nuestro sufrimiento es necesario, que *tiene* un propósito, que hay respuestas a las tragedias de la vida? Me pregunto si él espera anhelosamente el día cuando podrá hacernos entender lo que ocurría cuando estábamos en nuestros momentos de prueba. Me pregunto si Dios medita en nuestras aflicciones.

Algunos lectores, tal vez duden que un Dios omnipotente, que no tiene debilidades ni necesidades, sea vulnerable a esta clase de sufrimiento vicario. Nadie puede estar seguro de ello. Pero nosotros sabemos que Jesús experimentó toda una serie de emociones humanas, y en una ocasión él le dijo a Felipe: "El que me ha visto a mí, ha visto al Padre" (Juan 14:9). Recuerde que Jesús "se estremeció en espíritu y se conmovió" cuando María estaba llorando por la muerte de su hermano Lázaro. También el lloró por la ciudad de Jerusalén, mientras la miraba y hablaba de los sufrimientos que habría de experimentar el pueblo judío. Igualmente, se nos dice que ahora el Espíritu "intercede por nosotros con gemidos indecibles" (Romanos 8:26). Por lo tanto, es lógico suponer que Dios, el Padre, está apasionadamente interesado en su "familia" humana, y siente nuestro dolor en esos momentos indecibles cuando "un mar de aflicción cubre nuestra senda". Yo creo que él lo siente.

4. Sus brazos son muy cortos para luchar con Dios. ¡No trate de nacerlo!

Hace algunos años, había una obra teatral en Broadway, titulada: "Sus brazos son muy cortos para luchar con Dios". Yo nunca la vi, pero estoy de acuerdo con la premisa que está detrás del título. Nuestras capacidades intelectuales son muy deficientes para que vayamos a poder discutir con nuestro Creador. Los adeptos de la Nueva Era no están de acuerdo con esto. Dicen que cada uno de nosotros podemos convertirnos en dioses, sin tener que depender en nadie, con sólo concentrarse en un cristal y sentarse con las piernas cruzadas hasta que los dedos de los pies se nos queden dormidos. ¡Qué presumidos!

En un formidable sermón predicado por el autor Frank Peretti, ridiculizó los consejos absurdos de los adeptos de la Nueva Era en su viaje hacia la omnipotencia. Frank nos pidió que nos imagináramos a Shirley MacLain (quien en años recientes se ha convertido en la suma sacerdotisa de los raros), en una isla solitaria. Presten atención y la escucharán hablándole a la tierra, o a la luna, o a alguien. Hace círculos en la arena con el dedo gordo del pie y con voz chillona dice: "¡Yo... soy dios! ¡Yo... soy dios!" "Seguro que lo eres, y yo soy Julio César".

No, difícilmente podemos reunir los requisitos para ser dioses, ni siquiera dioses insignificantes. A pesar de nuestos intensos esfuerzos por comprendernos a nosotros mismos, hemos aprendido muy poco acerca de cómo vivir juntos armoniosamente o qué es lo que nos mueve a comportarnos como lo hacemos. Los sicólogos y siquiatras seculares más capacitados y respetados, aún creen que el ser humano es básicamente bueno, que solamente aprende a hacer lo malo debido a la influencia de la sociedad. Si eso fuera cierto, por seguro existiría por lo menos una sociedad en alguna parte del mundo donde el egoísmo, la falta de honradez y la violencia no habrían aparecido. En cambio, la historia de la humanidad, a través de los siglos hasta el día de hoy, está llena de guerras, asesinatos, codicia y explotación. "Paz" es el nombre que le damos a ese breve momento entre las guerras, cuando la gente se detiene para volver a cargar las armas. Platón dijo: "Sólo los muertos han visto el fin de la guerra". A través de 2.500 años se ha comprobado que él tenía razón. Usted debería observar detenidamente a sus hijos. ¿Cómo podría alguien, que ha criado a sus hijos desde que eran muy pequeños, no darse cuenta de que no necesitamos cultivar la rebelión, el egoísmo y la agresión. Se manifiestan en los niños de una manera muy natural. Así que, la característica más básica de la naturaleza humana, ha sido pasada por alto por aquellos que han sido específicamente entrenados para observarla.

Un error parecido a éste invade la mayor parte de lo que pensamos y creemos. Muchos libros científicos de hace unos setenta y cinco años, parecen libros de chistes. Durante ese tiempo, aún los médicos desangraban a sus pacientes para "drenar los venenos". Incluso cuando yo estaba en la escuela para graduados, se nos enseñó que los seres humanos teníamos cuarenta y ocho cromosomas (el total es cuarenta y seis) y que el síndrome de Down [mongolismo] era causado por influencias congénitas (es causado por una de varias anormalidades genéticas). Por supuesto, hemos aprendido mucho como resultado de la explosión de investigaciones científicas. No estoy despreciando ese esfuerzo. Lo que quiero decir es que la mayoría de lo que se creía hace muchos años, estaba evidentemente equivocado. ¿Podrá ser que hoy vivimos en el primer período de la historia humana cuando casi todas las conclusiones a las que hemos llegado son correctas? ¡De eso nada!

Quiero recalcar algo que expresé anteriormente: Si la inteligencia y la percepción del ser humano son poco confiables en cuanto a valorar las realidades cotidianas, es decir, las cosas que podemos ver, tocar, oír, saborear y oler, ¿cuánto menos podemos confiar en ellas para evaluar al Dios del universo que es inescrutable? Nuestros esfuerzos para analizarle y comprenderle son tan poco confiables como nuestra capacidad para entender el mundo físico. Sólo podemos escudriñar la mente de nuestro Creador hasta cierto punto antes que se acabe nuestra habilidad para comprender más. Sin embargo, la arrogancia de los seres humanos al a veces pasar por alto o poner en duda la sabiduría del Omnipotente es increíble.

Se cuenta una historia acerca del general británico Bernard (Monty) Montgomery, de quien todos sabían que tenía mucho ego. Un día, estaba dando un discurso, en el cual se refirió a una conversación entre Moisés y Dios. Montgomery dijo: "Como Dios le indicó a Moisés, y yo creo que con toda razón..." Estoy seguro de que el Señor se sintió muy tranquilizado al oír que Monty había aprobado su consejo a Moisés. Otros ejemplos de la arrogancia del ser humano, no son tan divertidos, tal como el concepto de que simplemente la creación evolucionó con el transcurso del tiempo, sin un diseño y sin un Diseñador. El Señor debe de maravillarse ante la estupidez de esa idea. También me he preguntado cómo se siente él acerca de que la Corte Suprema de los Estados Unidos le haya declarado inconstitucional, y haya decretado que sus mandamientos son impropios para ser puestos en el tablón de anuncios en las escuelas públicas.

Job trató de interrogar a Dios, y como respuesta le fue dada una enfática lección de historia. Preste atención, especialmente a la primera oración que salió de la boca del Señor. (Job 38:2-7)

> ¿Quién es ése que oscurece el consejo con palabras sin sabiduría? Ahora ciñe como varón tus lomos; yo te preguntaré, y tú me contestarás. ¿Dónde estabas tú cuando yo fundaba la tierra? Házmelo saber, si tienes inteligencia. ¿Quién ordenó sus medidas, si lo sabes? ¿O quién extendió sobre ella cordel? ¿Sobre qué están fundadas sus bases? ¿O quién puso su piedra angular, cuando alababan todas las estrellas del alba, y se regocijaban todos los hijos de Dios?

Dios continuó ese discurso hasta que Job comenzó a pensar de una manera correcta, y entonces el Señor agregó las siguientes palabras: "¿Es sabiduría contender con el Omnipotente? El que disputa con Dios, responda a esto" (Job 40:2). Job comprendió lo que Dios le había dicho, y respondió: "He aquí yo soy vil; ¿que te responderé? Mi mano pongo sobre mi boca. Una vez hablé, más no responderé; aun dos veces, mas no volveré a hablar" (Job 40:4-5).

Algunas veces en mi vida he cometido el mismo error que cometió Job, exigiendo respuestas de Dios. Una de esas ocasiones aún me hace sentir avergonzado hoy. Es demasiado personal para relatarla detalladamente, sólo diré que fue algo que yo deseaba que el Señor hiciera por mí, y que yo creía que me hacía mucha falta. Parecía que lo que yo quería estaba de acuerdo con su Palabra, así que me propuse asegurarme de que mi oración fuera contestada. Oré todos los días por semanas, suplicándole a Dios que me concediera mi petición, que parecía ser tan insignificante. Verdaderamente, durante ese período de oración me mantuve sobre mi rostro delante de él. Sin embargo, me dijo muy claramente: "¡No!", sin darme ninguna explicación y sin disculparse. Sencillamente, me cerró la puerta. Al principio, me sentí herido, y luego me enojé. Yo sabía más que eso, pero me sentí tentado a decir con sarcasmo: "¿Habría sido mucho problema para ti que hubieras tomado unos momentos de tu día tan ocupado, para oír el clamor de tu siervo?" No dije estas palabras, pero no pude evitar sentirme como me sentía. Me sentía abandonado.

Bueno, pasaron dos años y mis circunstancias cambiaron radicalmente. El asunto por el que había orado, empezó a verse muy diferente. Finalmente, me di cuenta de que habría sido una verdadera desgracia si el Señor me hubiera concedido esa petición. El me amó lo suficiente como para no darme lo que le había pedido, aun cuando había estado exigiéndole que hiciera las cosas como yo quería.

Otros han vivido para luego arrepentirse de lo que le habían pedido a Dios. Conocí a una jovencita que se enamoró locamente de un Romeo adolescente, y le rogó a Dios que moviera su corazón en la dirección de ella. Su petición fue negada terminantemente. Treinta y cinco años después, se volvieron a encontrar, y ella se quedó totalmente sorprendida al ver que el maravilloso hombre varonil, que ella recordaba, se había convertido en un individuo de mediana edad, inmotivado, barrigón e insoportable. Al verlo, se acordó de la oración que había hecho cuando era una jovencita, y dijo en voz muy baja: "¡**Gracias**, Señor!"

Lo cierto es que la mayoría de nuestras frustraciones espirituales no terminan con nuestras mentes habiendo sido iluminadas, y diciendo: "¡Oh, ahora me doy cuenta de lo que estabas haciendo, Señor!" Sencillamente, tenemos que archivarlas bajo la clasificación: "Cosas que no entiendo", y dejarlas archivadas. En esa clase de situación, debemos estar agradecidos porque él hace lo que es mejor para nosotros, contradiga o no contradiga nuestros deseos. Incluso un padre razonablemente bueno, algunas veces dice "no" a las exigencias de su hijo.

Lo que he tratado de decir, aunque de una manera un poco confusa, es que nuestra opinión de Dios es muy pequeña, que nosotros los mortales no podemos ni siquiera imaginarnos la grandeza de su poder y su sabiduría. El no es simplemente "el hombre que está allá arriba" o "el gran conductor del cielo", o alguna clase de mago que hará a nuestro favor lo que nosotros queremos, si decimos las palabras apropiadas. No nos atrevamos a empequeñecer a aquel de quien se dijo: "Bendito seas tú, oh Jehová, Dios de Israel nuestro padre, desde el siglo y hasta el siglo. Tuya es, oh Jehová, la magnificencia y el poder, la gloria, la victoria y el honor; porque todas las cosas que están en los cielos y en la tierra son tuyas. Tuyo, oh Jehová, es el reino, y tú eres excelso sobre todos. Las riquezas y la gloria proceden de ti, y tú dominas sobre todo; en tu mano está la fuerza y el poder, y en tu mano el hacer grande y el dar poder a todos. Ahora pues, Dios nuestro, nosotros alabamos y loamos tu glorioso nombre" (1 Crónicas 29:10-13).

Si de veras comprendiéramos la majestad del Señor y la profundidad de su amor hacia nosotros, indudablemente aceptaríamos esas ocasiones cuando él desafía la lógica y las sensibilidades humanas. En realidad, eso es lo que nosotros **debemos** hacer. Cuente con que a lo largo del camino tendrá experiencias que le dejarán perplejo. Déles la bienvenida como a sus amigas, como oportunidades para que su fe crezca. Manténgase firme en su fe, recuerde que sin fe no podemos agradar a Dios. No sucumba ante la "barrera de la traición", que es la herramienta más eficaz de las que Satanás utiliza contra nosotros. En cambio, guarde sus preguntas para el momento cuando podrá tener una larga conversación con el Señor en el otro lado, y después prosiga hacia la meta. Cualquier otro modo de actuar sería imprudente, porque nuestros brazos son muy cortos para luchar con Dios.

4

Aceptación o desesperación

Quizás el ejemplo más dramático, relacionado con el tema que estamos considerando, ocurrió en la vida del gran patriarca Abraham, hace más de cinco mil años. Nuestro interés en su historia se concentra en la esterilidad de su esposa Sara. Ella permaneció siendo estéril durante los años en que normalmente las mujeres tienen hijos, lo que continuamente la hacía sentirse afligida y avergonzada. Pero cuando Abraham tenía setenta y cinco años de edad, comenzó a recibir las promesas de Dios acerca de que llegaría a ser el padre de una gran nación, y que en él serían benditas todas las naciones de la tierra (Génesis 12:2-3). Esas fueron maravillosas noticias para un hombre que no tenía heredero y para una mujer que ansiaba ser madre.

Sin embargo, esa promesa fue seguida por un largo período de silencio. Finalmente, el Señor visitó de nuevo a Abraham, y le dijo: "Porque toda la tierra que ves, la daré a ti y a tu descendencia para siempre. Y haré tu descendencia como el polvo de la tierra; que si alguno puede contar el polvo de la tierra, también tu descendencia será contada" (Génesis 13:15-16).

Estas palabras, dichas a un hombre cuya esposa había tratado de tener un hijo por tal vez unos cuarenta años, fueron muy extrañas. Sin embargo, Abraham aceptó la promesa, y pacientemente esperó su cumplimiento. Pero ningún hijo llegó. Pasaron años, antes que, por tercera vez, Dios alentara a su siervo. Pero en esta ocasión, Abraham mostró su creciente confusión acerca del asunto, con las siguientes palabras: "Señor Jehová, ¿qué me darás, siendo así que ando sin hijo...?" (Génesis 15:2).

Esa fue una pregunta lógica para Abraham, quien estaba envejeciéndose. El Señor le respondió llevándolo fuera, mostrándole el cielo nocturno, y diciéndole: "Mira ahora los cielos, y cuenta las estrellas, si las puedes contar. Y le dijo: Así será tu descendencia" (Génesis 15:5).

Esas promesas de la bendición de Dios, fueron seguidas por la continua esterilidad de Sara, y otro período de silencio. Con lo que Abraham se enfrentó en ese momento, fue un clásico caso de "Dios contradiciéndose a sí mismo". El Señor no honró su palabra, ni explicó su demora. Los hechos no tenían sentido. Las piezas del rompecabezas no encajaban en su lugar. Sara ya había entrado en el tiempo de la menopausia, lo cual definitivamente había puesto fin a sus esperanzas de llegar a ser madre. Para ese entonces, ella y su esposo eran muy viejos, y podemos imaginarnos que su pasión sexual había disminuido. A pesar de esos obstáculos que hacían cada vez más improbable que Sara tuviera un hijo, la Biblia nos dice que Abraham "... creyó a Jehová, y le fue contado por justicia" (Génesis 15:6).

El resto del relato es una de las historias bíblicas más hermosas y conocidas. En realidad, Sara quedó embarazada cuando tenía noventa años de edad, y Abraham tenía cien años. Muy pronto les nació un hijo, al que le pusieron por nombre Isaac ("risa"). Qué momento de tanto gozo fue ése para ellos. Dios había realizado un poderoso milagro, tal y como lo había prometido, y le había dado un heredero a Abraham. Sin embargo, el drama no había terminado para estos nuevos padres, que a su vez eran muy viejos.

Algunos años después, cuando Isaac ya era un joven, ocurrió uno de los acontecimientos más confusos de la historia bíblica. ¡Dios le dijo a Abraham que sacrificara al hijo que había esperado por tantos años! ¡Qué orden más extraña y angustiosa! ¿Cómo podía comenzar a entender el anciano patriarca lo que el Señor estaba haciendo? ¿No era Isaac por medio del cual habrían de cumplirse las asombrosas promesas de Dios? Si Abraham tenía que sacrificar a Isaac, de quien habrían de provenir: millones de descendientes, muchos reyes (incluyendo al Mesías), una nación poderosa a través de la cual el mundo entero sería bendecido, posesión eterna de la Tierra Prometida, y un pacto eterno con Jehová. El cumplimiento de todas estas profecías dependía específicamente de Isaac, quien muy pronto tendría que morir.

Pero ésa era la manera en que las cosas se veían a través de los sentidos humanos. Pero la realidad era que las promesas dadas a Abraham no dependían de Isaac en absoluto. Dependían por completo de Dios. El no puede ser encerrado por las limitaciones humanas. Y Dios tenía todo bajo perfecto control. El plan de Dios, que habría de tener significado para toda la humanidad, estaba revelándose. El nacimiento milagroso de Isaac, era simbólico de la venida de Jesucristo como un pequeño niño. La orden para sacrificar a Isaac en el altar señalaba al "... Cordero que fue inmolado desde el principio del mundo" (Apocalipsis 13:8).

Cuando Isaac llevó sobre sus espaldas la leña que sería utilizada para el fuego que habría de quemar su cuerpo, estaba profetizando el momento cuando dos mil años más tarde, Jesús llevaría su propia cruz hasta el Calvario. Su disposición a ser sacrificado por su anciano padre, fue simbólica del sometimiento del Mesías a su Padre y a sus verdugos. Incluso, algunos teólogos creen que se suponía que el sacrificio de Isaac habría ocurrido en el mismo lugar de la crucifixión de Jesús. Todos los elementos de esta historia tuvieron un significado profético. Por supuesto, Abraham no comprendió nada acerca del plan de Dios. Teniendo en cuenta su confusión y lo que estaba en juego para él, es asombroso que este hombre fiel a Dios obedientemente habría llevado a cabo el sacrificio de Isaac si no hubiera intervenido un ángel.

Uno de mis pasajes bíblicos favoritos, resume este acontecimiento desde la perspectiva de los tiempos del Nuevo Testamento. Casi dos mil años después, el apóstol Pablo describió a Abraham de la siguiente manera: "Y no se debilitó en la fe al considerar su cuerpo, que estaba ya como muerto (siendo de casi cien años), o la esterilidad de la matriz de Sara. Tampoco dudó, por incredulidad, de la promesa de Dios, sino que se fortaleció en fe, dando gloria a Dios, plenamente convencido de que era también poderoso para hacer todo lo que había prometido; por lo cual también su fe le fue contada por justicia" (Romanos 4:19-22).

En otras palabras, Abraham creyó a Dios, incluso cuando lo que le había dicho no tenía sentido. Los hechos decían claramente: "Es imposible que esto suceda". El Señor le había hecho "vanas promesas" durante veinticinco años, y aún no había ninguna señal de que lo que le había prometido fuese a ocurrir. Preguntas sin respuestas y contradicciones inquietantes se arremolinaban en su mente. No obstante, Abraham no "dudó, por incredulidad". ¿Por qué? Porque estaba convencido de que Dios podía trascender el razonamiento y la evidencia basada en los hechos. Y por eso se le llama: "padre de nuestra fe".

Bueno, dejemos de hablar de Abraham y de su esposa Sara. ¿Qué podemos decir de usted y de mí, y de los tiempos en que vivimos ahora? ¿Hay alguna lección para la humanidad en estos acontecimientos históricos? ¡Por supuesto que sí! Llegará un momento en su vida, en el cual los hechos le harán sentirse desesperado. Quizás, ese momento ya ha llegado, y Dios parece contradecirse a sí mismo, y no hay ninguna explicación satisfactoria. No todas las personas experimentan la misma clase de confusión, pero nadie puede evitar hallarse en una crisis de cierta magnitud. La fe no permanece por mucho tiempo sin ser puesta a prueba. La pregunta es: ¿cómo nos enfrentaremos a la crisis cuando ésta llegue? ¿Nos desesperaremos y saldremos huyendo? ¿Nos tambalearemos sacudidos por la incredulidad? ¿"Maldeciremos a Dios y nos moriremos", como la mujer de Job le sugirió a él que hiciera? ¡Le pido a Dios que nos libre de hacer eso! Y yo creo que si nos preparamos para esa experiencia, podremos fortalecernos contra el ataque de que seremos objeto en ese momento.

Hace poco, mi amigo Robert Vernon, tuvo que enfrentarse a su propia versión de esa crisis universal. Bob fue asistente del jefe de la policía de la ciudad de Los Angeles, donde sirvió por más de treinta y siete años, de una manera digna de reconocimiento. Cuando se acercaba el final del período de su cargo lo presionaron injusta e ilegalmente para que renunciara, debido a sus conservadoras creencias cristianas. Después que los medios de comunicación fracasaron en muchos intentos por desprestigiarlo en el departamento de policía, los críticos del jefe Vernon comenzaron a indagar en su vida privada, buscando algo con que pudieran avergonzarlo. Muy pronto lo encontraron. Alguien descubrió un casete en el que estaba grabado un discurso que, hacía catorce años, había pronunciado en su iglesia. A base de los comentarios que hizo acerca de la vida familiar, sacados de contexto y totalmente tergiversados, presionaron una investigación del trabajo realizado por Vernon en el departamento de policía. Lo que hicieron fue una violación de sus derechos amparados bajo la primera enmienda de la Constitución de los Estados Unidos. ¿Desde cuándo se puede perseguir a una persona por expresar sus opiniones religiosas en su propia iglesia? Esa pregunta esta siendo considerada ahora por los tribunales, pero también en éstos existen evidencias de parcialidad.

Por favor, quiero que comprenda que nunca hubo *ninguna* acusación de mala conducta en el cumplimiento de sus responsabilidades oficiales. Sin embargo, se llevó a cabo una investigación de gran alcance, para ver si sus creencias religiosas habían afectado su trabajo. Finalmente, fue exonerado de todo mal comportamiento, pero su liderazgo quedó tan perjudicado por la investigación que tuvo que renunciar. Conozco personalmente al jefe Vernon, y puedo decir con toda seguridad, que lo hicieron abandonar su puesto simplemente por causa de su fe, a pesar de sus treinta y siete años de servicio intachable.

La experiencia que tuvo el jefe Vernon, nos brinda la oportunidad de examinar un caso clásico de "fe bajo fuego". Su situación tiene todas las características típicas: un acontecimiento muy inquietante; un elemento de injusticia ("¿Por qué tiene que sucederme esto a mí?"); un Dios silencioso que pudo intervenir, pero no lo hizo; y un montón de preguntas sin respuestas. ¿Ha tenido usted esa clase de experiencia alguna vez?

Hace poco, le pedimos a Bob que hablara en un servicio de capilla para los empleados de Enfoque a la Familia, y él escogió hablar de sus propias dificultades. Creo que sus observaciones serán muy útiles para usted, especialmente si en este momento está teniendo sus propias pruebas. Lo que sigue es lo que este veterano de la policía dijo a los miembros de nuestro personal:

Cuando ya se veía que muy pronto Darrell Gates renunciaría como jefe de la policía, un artículo apareció en una revista de Los Angeles. Decía así: "Los que están deseosos de librarse de Gates, deben fijarse bien en quién es el que está esperando la entrada en escena. Es un individuo llamado Robert L. Vernon, que tiene creencias religiosas muy extrañas". Luego, mencionaron tres cosas que, según se dice, yo había dicho en un discurso grabado catorce años antes. Me mantengo firme en lo que realmente dije, y no me estoy disculpando por ello. Tomé esos conceptos de la Palabra de Dios. Pero la revista torció mis verdaderos comentarios, y dijo: "En primer lugar, él cree que la homosexualidad es un pecado". Eso es cierto. "En segundo lugar", dijeron ellos, "él cree que las mujeres deben someterse a los hombres". Eso no es cierto. Yo me había referido a lo que la Biblia dice acerca del sometimiento mutuo en la relación matrimonial. En tercer lugar, mis críticos tergiversaron lo que había dicho sobre la disciplina de los hijos. Yo estaba hablando de un padre que no había cumplido la promesa que le había hecho a su hijo, y lo provocó a ira. Cuando el hijo se rebeló contra el padre, éste le dijo: "Si tienes a un hijo rebelde, tienes que quebrar su voluntad, y para hacer eso tienes que golpearlo". Yo estaba *citando* lo que ese padre había dicho. Esas no eran mis palabras. Después dije: "¿Quién estaba equivocado en esa situación? El padre estaba equivocado, no el hijo".

Sin embargo, la revista me atribuyó las palabras del padre a mí, y luego concluyó diciendo: "Esto es lo que el jefe Vernon cree acerca de criar a los hijos". Ellos editaron de tal forma la grabación que los oyentes sólo escucharon mi voz recomendando que golpeemos a nuestros hijos hasta quebrar su voluntad. Les dieron a los medios de comunicación esa grabación editada, quienes la dieron a conocer ampliamente. Esa fue una maniobra muy hábil.

Como resultado, mi reputación fue gravemente dañada. Finalmente, tuve que abandonar el Departamento de Policía de Los Angeles, y no he podido conseguir trabajo en la policía de ningún otro lugar. Recientemente, hice mi solicitud para un puesto en la parte norte de Denver, pero ni siquiera me llamaron para entrevistarme. Es que, soy un chiflado religioso. Creo cosas raras. Ahora sé qué fue lo que Salomón quiso decir cuando dijo: "Más vale el buen nombre que las muchas riquezas" [Proverbios 22:1, LBLA].

Incluso, tengo amigos cristianos que han escuchado en la radio la grabación, y me han dicho: "Sabemos que lo negaste, Bob, pero nosotros te oímos decir que se debe golpear a los niños hasta quebrar su voluntad". Trate de explicarles, pero a veces es difícil hacer que las personas comprendan la verdad. Tengo que confesarles algo. No sólo me deprimí por causa de esa situación, sino que también me enojé con Dios. Y eso no estaba bien.

Aproximadamente por ese tiempo, tuve una experiencia que me ayudó a aclarar algunas cosas en mi mente. Mi hijo y yo decidimos flotar por el río Colorado en una balsa. Ese fue un viaje dramático, puedo asegurárselos. Comenzamos el viaje con dieciocho amigos, en un lugar llamado Lee's Ferry. Cuando empezamos a flotar, para llevar a cabo el viaje que duraría ocho días, alguien dijo: "Bueno, todos estamos comprometidos". Seguro que lo estábamos. Al llegar el tercer día, hubo algunos que estaban hartos del viaje. Pero no podían hacer nada. No había ninguna manera de salir de aquel cañón, a no ser río abajo. Así obra el Señor cuando nos enfrentamos con un momento de dificultad. No debemos ponernos a pensar en cómo salir del aprieto. Simplemente, permanezca firme en su compromiso y usted saldrá del problema a su debido tiempo.

Había algunos lugares extremadamente turbulentos a lo largo del río. Por ejemplo, en Lava

Falls la balsa descendió verticalmente once metros, por una distancia de más de veintidós metros. Cuando nos acercábamos a un lugar como ésos, el capitán de la balsa, llamado Robin, decía: "Este va a ser uno bueno". Lo que quería decir con eso, era: "¡Todos vamos a quedar muertos!" Finalmente, llegamos a Kermit Falls, lugar que para nosotros fue el más violento a todo lo largo del río. De repente, pareció que Robin había perdido control de la balsa, justamente cuando comenzamos a descender por los rápidos. La balsa cambió de dirección y comenzó a ir de lado en el peor de los momentos. Por un instante, me sentí tentado a saltar fuera de la balsa. Realmente, pensé que todos íbamos a morir. Entonces, escuché el estruendo del motor de la balsa trabajando al máximo. Me di cuenta de que Robin había cambiado la dirección de la balsa a propósito. Entonces vi una enorme roca que se había caído desde las paredes del gran cañón. Estaba sobresaliendo por encima del agua en medio del río. Por eso Robin había desviado la balsa. Lo había hecho para que toda la fuerza del motor pudiera empujarnos alrededor de la peligrosa roca. Si yo hubiera saltado fuera de la balsa, me habría ahogado o podría haber sido aplastado contra la roca.

A aquellos de ustedes que hoy en día están cayendo por la cascada, les digo que resistan la tentación a saltar fuera de la balsa. Dios sabe lo que está haciendo. El tiene su balsa yendo de lado por una razón. Aunque, tal vez, la reputación de usted haya sido arruinada, se sienta deprimido y esté preguntándose qué debe hacer, si escucha con atención podrá oír la voz de aquel que le dijo a David: "¡Confía en mí!"

Como resultado de mi experiencia en el río, y de leer el Salmo 37, he aprendido a no inquietarme. Le he confesado mi enojo a Dios, y le he dicho: "Tú sabes lo que estás haciendo, aunque mi balsa parezca estar fuera de control. Confiaré en ti. Me deleito en ti. He encomendado mi camino a ti. Ahora estoy 'descansando' en mis circunstancias". Pero, entonces tuve que aprender la más difícil de las lecciones. A medida que mi esposa y yo leíamos otros Salmos, había una palabra que continuamente saltaba a la vista. Era la palabra "esperar".

"¡No, Señor! No quiero esperar. Quiero que me ayudes ahora. Por favor, véngate de los que me han hecho daño". Pero él dice: "Estad quietos, y conoced que yo soy Dios" [Salmo 46:10]. Después, él me guió a los últimos versículos del Salmo 37, donde se nos dice: "Considera al íntegro, y mira al justo; porque hay un final dichoso para el hombre de paz. Mas los transgresores serán todos a una destruidos; la posteridad de los impíos será extinguida. Pero la salvación de los justos es de Jehová, y él es su fortaleza en el tiempo de la angustia. Jehová los ayudará y los librará; los libertará de los impíos, y los salvará, por cuanto en él esperaron" (Salmo 37:37-40).[1]

---

1. Usted puede leer la historia de Bob Vernon, con todo detalle, en su libro: Robert L. Vernon, *L. A. Justice* (Colorado Springs: Focus on the Family, 1993).

Las palabras del jefe Vernon, muestran gran madurez y fe, teniendo en cuenta la injusticia y el dolor que él y su esposa Esther, han padecido. He compartido su mensaje aquí porque muchos de mis lectores han experimentado dificultades parecidas. ¿Es usted uno de ellos? ¿Está su balsa yendo de lado por el río? ¿Está descendiendo por los rápidos, hacia las rocas que están abajo, aterrorizando a todos los que se encuentran a bordo? ¿Ha pensado usted saltar al río y tratar de nadar para encontrar la seguridad por sí mismo? Eso es precisamente lo que Satanás quisiera empujarlo a hacer. El quiere que usted deje a Dios, quien parece haber perdido el control de sus circunstancias. Pero le animo a que no se aleje de la seguridad de la protección de Dios. El Capitán sabe lo que está haciendo. Existen propósitos que usted no puede percibir o comprender. Es posible que usted nunca los comprenda, por lo menos no en esta vida, pero no debe soltarse de su fe. Después de todo, la fe es "la convicción de lo que no se ve" (Hebreos 11:1).

Antes de seguir adelante, hay otro ejemplo de "fe bajo fuego" que creo que vale la pena considerarlo. Tiene que ver con algo que ocurrió en la familia del doctor Jim Conway y su esposa Sally, y representa la experiencia de millones de personas en todo el mundo. Mientras que el jefe Vernon luchó contra la injusticia y la vergüenza profesional, el matrimonio Conway tuvo que hacerle frente a un problema mucho más grave. La vida de su querida hija se vio en peligro. Permitiré que sea el doctor Conway quien relate la historia, según fue escuchada en el programa radial de Enfoque a la Familia:

Cuando nuestra hija tenía quince años de edad, comenzó a tener problemas con una de sus rodillas. Durante año y medio, la vieron varios doctores, tuvo distintos análisis y exámenes de tomografía axial computarizada. También le hicieron dos extensas biopsias del tumor que encontraron. Esperamos dos semanas para poder saber los resultados de muchos laboratorios patológicos de todo el país, que estaban estudiando su misteriosa protuberancia. Finalmente, una noche, nuestro médico vino a nuestra casa, y nos dio noticias muy angustiosas. Dijo que Becki tenía un tumor maligno, y que era necesario amputarle la pierna. Usted puede imaginarse cuán abatidos nos dejó eso a Sally y a mí. Me negué a creerlo. Decidí impedir esa cirugía, orando hasta que Dios prometiera sanarla.

"No te van a amputar la pierna", le dije a Becki. "Creo que Dios va a hacer un milagro. El nos dijo que podemos venir a él cuando tenemos problemas. Estoy absolutamente convencido de que no será necesario que te hagan esta cirugía".

Entonces, nuestra iglesia comenzó a tener una vigilia de veinticuatro horas de ayuno y oración. Miles de personas en todos los Estados Unidos y en otros países estaban orando por la curación de Becki.

La mañana en que se iba a realizar la cirugía, le dije a nuestro médico: "Scott, cuando entre a la sala de operaciones, por favor compruebe que el cáncer ha sido sanado. Dios no nos va a fallar. Estoy seguro".

El se fue y no regreso inmediatamente. Pasaron cuarenta y cinco minutos, y aún Sally, mis otras dos hijas y yo, permanecíamos sentados en la sala de espera. Pasó una hora, y luego pasaron dos. Empecé a darme cuenta de que algún extenso procedimiento médico debía estar llevándose a cabo. Entonces, salió el doctor y me dijo que le habían amputado la pierna a Becki. Me quedé hecho añicos. Estaba totalmente destruido. ¡Había perdido a Dios! Lleno de ira, me puse a golpear las paredes del hospital y a decir: "¿Dónde estás Dios? ¿Dónde estás?"

Me encontraba en estado de conmoción, y me puse a recorrer de un lado a otro el depósito de cadáveres, que estaba en el sótano del hospital. Aquel era el lugar donde pensaba que yo debía estar, rodeado por la muerte. Estaba enfrentándome con algo más importante que la muerte de Becki, a pesar de todo lo terrible que ésta era. Estaba luchando por entender las consecuencias teológicas de lo que había sucedido. Verá usted, si yo hubiera sido un plomero en vez de un pastor, el día siguiente habría podido ir a arreglar cañerías y mi confusión espiritual no habría afectado mi trabajo. Pero mi empleo exigía que me pusiera de pie delante de las personas y les enseñara los principios de la Biblia. ¿Qué podría decirles ahora?

Si yo hubiera sido un pastor liberal, que no creía que literalmente la Biblia era la verdad, habría podido sobrevivir haciendo la reseña de algún libro y hablando de asuntos sin importancia. Pero era el pastor de una iglesia en donde creíamos que la Biblia es la Palabra de Dios. Mi estilo de enseñar era expositivo, analizando los versículos uno por uno, y extrayendo su significado. ¿Cómo podía regresar a mi congregación y decirles que Dios había permitido que mi hija perdiera una pierna? Ese fue un momento terrible en mi vida.

Ese día, mientras estaba sentado afuera del depósito de cadáveres, un amigo mío me encontró encerrado en las profundidades del hospital, y vino a rescatarme. ¡Dios me lo había enviado! Yo no soy parte del movimiento carismático, pero se trataba de Dick Foth, pastor de una iglesia de las Asambleas de Dios, quien estuvo a mi lado llorando y orando por mí. El me dijo: "No estoy preocupado por Becki. Estoy preocupado por ti. Hay unas dos mil personas en tu iglesia, y miles más en otros lugares, que están orando fielmente por ti. Vas a salir bien de esta prueba". Entonces, él y otros dos amigos tomaron turnos para estar conmigo ayudándome. Uno se iba a tomar café y los otros se quedaban conmigo. Sólo me mantenían hablando, dejándome desahogar la frustración y el enojo que sentía.

No me censuraron, aunque estaba tan enojado con Dios. En una ocasión, dije: "Creo que Dios estaba tan ocupado buscándole a una anciana un lugar donde estacionar su auto, que no tuvo tiempo para evitar que le amputaran la pierna a Becki". Dick me escuchaba, y luego decía: "¿Hay algo más que necesitas decir?" No tenía que preocuparme de que si yo decía algo inquietante, ellos dudarían de Dios. No me preocupaba que ellos fueran a alejarse de Dios por mi culpa. No necesitaba reprimirme y decir: "Tengo que mantener la apariencia profesional, porque soy un predicador. Tengo que comportarme bien". Ellos me permitieron que le hiciera frente a mi dolor.

Algunos creyentes no saben cómo reaccionar cuando una persona esta experimentando esta clase terrible de depresión. Dicen: "Oraré por usted", lo cual puede significar: "Realmente, ya no estoy escuchando lo que usted dice". Esa puede ser una manera de ponerle fin a la responsabilidad de ayudar a alguien a llevar su carga. En realidad, cuando se trata de sobrellevar los unos las cargas de los otros, a veces los que no son creyentes lo hacen mejor que nosotros. Ellos saben que es importante. desahogar el resentimiento y la ira, mientras que los cristianos pueden pensar que tienen que reprimirlos. La Biblia nos dice: "Claman los justos, y Jehová oye, y los libra de todas sus angustias" (Salmo 34:17).

También, después me molestaba que las personas me dieran explicaciones simplistas y comentarios poco serios, con el fin de "animarme". Me irritaba el que citaran Romanos 8:28: "todas las cosas cooperan para bien" [LBLA], sin haberse ganado el derecho de tratar de restarle importancia a mi dolor. Sentía deseos de decir: "Hábleme de eso en otra ocasión. Hábleme cuando le hayan amputado una pierna a su hija de dieciséis años. Venga a verme cuando usted haya tenido una experiencia como ésta, y entonces hablaremos otra vez". A veces los cristianos nos acostumbramos tanto al estilo de vida de "tenemos que estar animados" que nos volvemos unos farsantes. Durante esos días, casi escuché a la gente decirme: "No diga esas cosas. ¿Qué pasaría si le oyera Dios?"

¡Cómo si Dios no supiera lo que yo estaba pensando y con lo que estaba luchando! Dios sabía lo que yo estaba experimentando, y él comprendía mi ira. Mi amor por Becki tenía su origen en él. Así que, ¿a quién trataría yo de engañar ocultando el dolor que sentía en mi alma?

Me acuerdo de un hombre que vi en un restaurante, unos días después que Becki tuvo la cirugía. Estaba sentado a una mesa, y cuando pasé caminando por su lado, extendió la mano y me agarró por mi abrigo. Dijo: "Jim, creo que Dios ha permitido que esto ocurriera porque ha traído un avivamiento en nuestra iglesia".

Le dije: "¿Y qué va a hacer Dios para traer otro avivamiento después que este haya pasado, cortarle la otra pierna a Becki? ¿Y más tarde un brazo y luego el otro? No habría suficiente Becki para mantener avivada a cualquier iglesia, si eso fuera lo necesario".

Cuando uno comienza a buscar respuestas insignificantes como ésas, se deshumaniza a las personas que sufren, y se insulta a nuestro grandioso Dios, que ama a los oprimidos y los cuida. No podía encontrar una explicación del por qué Becki tuvo que perder su pierna, pero sabía que las respuestas que me habían dado no eran correctas.

Probablemente, lo más importante que aprendí durante todo este proceso, es lo siguiente: Me di cuenta, por completo, de que sólo tenía dos opciones. Una era continuar enojado con Dios y seguir el camino de la desesperación en que me encontraba. La otra era dejar que Dios fuera Dios, y de alguna manera decir: "No sé cuál es el significado de todo esto. No comprendo por qué ha ocurrido. No voy ni siquiera a pedir una explicación. He decidido aceptar el hecho de que tú eres Dios, y yo soy tu siervo, y no al contrario". Y dejé todo en las manos del Señor.

Fue cuando decidí hacer eso, que pude hacerle frente a mi situación. Reconozco francamente que después de todos los años que han pasado, aún tengo luchas con algunas cosas. Todavía el ver a mi hija saltando con una pierna, me revuelve el estómago. Pero he llegado a darme cuenta de que Dios tiene un propósito supremo, y sencillamente yo no entiendo ese propósito. Estoy preparado a esperar hasta la eternidad, si fuera necesario, para recibir respuestas a mis preguntas. Como Job, ahora puedo decir: "Aunque él me matare, en él esperaré" (Job 13:15). La desesperación, o la aceptación de la soberanía de Dios. Esas son las alternativas.

Permítame decirlo otra vez. Las alternativas son la desesperación, o Dios. No hay ninguna otra opción. Y nuestra familia ha escogido aferrarnos a Dios.[2]

---

2. Usted puede leer la historia de Jim, Sally y Becki, con más detalle, en su libro: Becki Conway, Sanders and Jim & Sally Conway: *Trusting God in a family crisis* (Downers Grove, Ill: InterVarsity press, 1989).

Gracias a usted doctor Jim Conway, a su esposa Sally y a su hija Becki, por permitirnos compartir su dolor más profundo. Muy pocas veces hemos visto entre los cristianos, tanta sinceridad y vulnerabilidad. Confío en que Dios continuará usando la experiencia de ustedes para fortalecer la fe de aquellos que, simbólicamente, están sentados en el deposito de cadáveres. Todo en lo que han creído y depositado su esperanza ha sido atacado por las fuerzas del mal. Se ha derrumbado el fundamento filosófico y teológico sobre el cual descansaba todo. Así que, ¿qué pueden hacer ahora?

Sólo hay una respuesta, y es la conclusión a la que llegó el doctor Jim Conway en su momento de crisis: No exija explicaciones. No cuente con su habilidad para comprender. No se suelte de su fe. Escoja confiar en Dios, usando la voluntad que él ha puesto dentro de usted. La única otra alternativa es: la desesperación.

5

"Puede librarnos ... Y si no"

Ahora debemos apresurarnos a hacerle frente a una serie de preguntas, cuya relación con todo lo que hemos considerado hasta este momento es crítica: ¿Qué papel desempeña Dios en las situaciones que confunden y a veces desilusionan a sus seguidores? ¿Dónde estaba él durante los retos con que se enfrentaron el jefe Bob Vernon y su esposa Esther, el doctor Jim Conway y su esposa Sally, Darryl y Clarita Gustafson, el doctor Jerry White y su esposa Mary, los doctores Chuck y Karen Frye, y todos los demás que hemos considerado? Concretamente, ¿escucha Dios las oraciones de su pueblo, y las contesta?

Un porcentaje sorprendentemente grande de norteamericanos cree en la eficacia de la oración. En una historia publicada en la revista *Newsweek*, del 6 de enero de 1992, titulada: "Hablando con Dios", se informaron los resultados de una Encuesta de Gallup, la cual mostró que setenta y ocho por ciento de los norteamericanos entrevistados habían orado una vez por semana, y cincuenta y siete por ciento lo había hecho, por lo menos, vez por día. Noventa y uno por ciento de las mujeres y ochenta y cinco por ciento de los hombres habían orado en alguna ocasión. Esto incluía noventa y cuatro por ciento de negros, y ochenta y siete por ciento de blancos.

Algunas de estas oraciones, comentó *Newsweek*, "fueron hechas *en casos extremos*: hay muy pocos ateos en las salas de los hospitales donde se encuentran los enfermos de cáncer, así como en las filas de desempleados. Pero en los Estados Unidos, que según se afirma son desarraigados, materialistas y egoístas, también existe hambre por una experiencia personal con Dios, que la oración busca satisfacer".

Los autores de la historia llegaron a la siguiente conclusión: "Incluso en las universidades, templos de todo lo que el Siglo de las Luces ha infundido, la oración ha encontrado un hogar. 'Hace veinte años, era muy extraño el encontrar una religión llena de vitalidad en las ciudades universitarias'", dice David Rosenhan, profesor de derecho y de sicología en la Universidad de Stanford. "Ahora hay reuniones de oración aquí, a las que regularmente asisten de trescientos a quinientos estudiantes".

No soy tan ingenuo como para creer que todos esos norteamericanos estaban buscando tener una relación de verdadera entrega con el Dios viviente. Para algunos, la oración sólo está a dos o tres centímetros de la superstición, tal como la astrología o cualquier otra conjetura al azar. Sin embargo, la receptividad hacia las cosas del Espíritu, es muy alentadora para aquellos de nosotros que hemos anhelado por un avivamiento de fervor religioso en esta nación.

Pero, ¿qué es lo que usted cree acerca del significado de la oración? ¿Es cierto que, como dice en Santiago 5:16: "la oración eficaz del justo puede mucho"? ¿Nos estaba hablando Jesús a nosotros cuando dijo: "Pedid, y se os dará; buscad, y hallaréis; llamad, y se os abrirá" (Mateo 7:7).

Diré que, personalmente, yo daría mi vida por la realidad de esas promesas. Fueron inspiradas por Dios, y debidamente escritas en la Biblia.

Nuestro fundamento, como creyentes, está afianzado en las Escrituras, donde el mensaje es evidente. Considere los siguientes versículos:

> Buscad a Jehová y su poder; buscad su rostro continuamente (1 Crónicas 16:11).

> El sacrificio de los impíos es abominación a Jehová; mas la oración de los rectos es su gozo (Proverbios 15:8).

> También les refirió Jesús una parábola sobre la necesidad de orar siempre, y no desmayar (Lucas 18:1).

> Y de igual manera el Espíritu nos ayuda en nuestra debilidad; pues qué hemos de pedir como conviene, no lo sabemos, pero el Espíritu mismo intercede por nosotros con gemidos indecibles (Romanos 8:26).

> Por nada estéis afanosos, sino sean conocidas vuestras peticiones delante de Dios en toda oración y ruego, con acción de gracias (Filipenses 4:6).

> Perseverad en la oración, velando en ella con acción de gracias (Colosenses 4:2).

> Orad sin cesar. Dad gracias por todo, porque
> esta es la voluntad de Dios para con vosotros en
> Cristo Jesús (1 Tesalonicenses 5:17-18).

> Quiero, pues, que los hombres oren en todo
> lugar, levantando manos santas, sin ira ni con-
> tienda (1 Timoteo 2:8).

Es obvio que no sólo Dios honra la oración, sino que también se nos *ordena* que nos comuniquemos de esta manera personal con él. ¡Y qué privilegio tan grande es éste! ¿Ha pensado usted en la naturaleza de este don que nos ha concedido el Todopoderoso? No necesitamos hacer una cita para que él nos preste su atención. No existen ayudantes o secretarias con quienes tenemos que hablar primero. El nunca nos dice que regresemos otro día, cuando su plan de actividades este menos congestionado.

En cambio, se nos invita a que con confianza entre-mos a su presencia en cualquier momento del día o de la noche. El oye hasta el más débil clamor de la persona enferma, de la que se siente sola, o de la que ha sido despreciada por los demás. Dios nos conoce y nos ama a todos nosotros, a pesar de nuestras imperfecciones y fracasos. Realmente, la invitación a orar es una preciosa expresión del amor y de la compasión incomparables de nuestro Creador hacia la humanidad. Este concepto ha sido parte inseparable de mi vida y de mi familia desde los primeros años de mi infancia.

Recuerdo algo que ocurrió en 1957, cuando estaba en el último año de la universidad. Una tarde recibí una inquietante llamada telefónica de mis padres, quienes sonaban angustiados y molestos. Rápidamente, Mamá me dijo que a mi papá se le había formado en la mano derecha una llaga que estaba inflamada. La habían observado por algún tiempo, y se habían dado cuenta de que no se sanaba. Finalmente, fueron a ver a un dermatólogo, y acababan de regresar de su consultorio. A mi padre, que tenía cuarenta y seis años de edad, le habían diagnosticado un tipo de cáncer, llamado células escamosas, que es curable al comienzo, pero peligroso si no se trata. El doctor parecía preocupado. Les había dicho que el examen microscópico de los tejidos, había mostrado células "muy maduras". No podía decir si éstas se habían extendido a otras partes del cuerpo, pero tampoco podía descartar esa posibilidad.

El doctor decidió tratar el cáncer con radiación, durante un período de seis semanas. El proceso de curación debería comenzar al final de ese tiempo. Si la lesión podía ser controlada localmente, desaparecería por completo en unas cinco semanas más. Pero si no se curaba, problemas más graves estaban en camino. La horrible posibilidad de que entonces tendrían que amputarle el brazo, fue considerada. Mi padre era un artista, y pensar en que podría perder su brazo derecho, o tal vez la vida, sobresaltó a toda la familia, y todos comenzamos a orar por él.

Cuatro semanas después de haber terminado los tratamientos de radiación, aún la llaga seguía casi igual. No se veía ninguna señal de que se estaba curando. La tensión aumentó a medida que continuamos recibiendo informes médicos muy desalentadores. (Estoy seguro de que esa enfermedad sería mucho menos peligrosa hoy en día que durante la década de los cincuenta, pero en ese tiempo ése fue un acontecimiento extremadamente inquietante.) El médico de mi padre comenzó a pensar en el próximo paso.

Era el momento de orar más intensamente, así que mi padre fue a ver a los líderes de nuestra denominación y les pidió que lo ungieran con aceite y específicamente le pidieran al Señor que sanara el cáncer. Dos días antes de la quinta semana de tratamientos, que era el momento en que el dermatólogo había indicado que tendría que tomarse una decisión, hicieron un breve servicio con ese propósito. Exactamente dos días después, la llaga se había curado completamente, para jamás regresar.

Este es sólo un ejemplo de las dramáticas respuestas a distintas oraciones, que presencié durante mi infancia y mi adolescencia. Los ejemplos de esa época podrían llenar este libro, porque éramos una familia que creía en la oración. Muchas historias vienen a mi mente. Recuerdo una ocasión cuando mi padre tomó todo el cheque de pago del trabajo que había realizado predicando en una iglesia, y se lo entregó al pastor, cuyos hijos necesitaban zapatos y ropa de invierno. Papá tenía un corazón muy sensible hacia las personas con problemas económicos. Inevitablemente, unos pocos días más tarde, se nos acabó el dinero, y tuvimos que ponernos de rodillas. Aún recuerdo a mi padre orando después de haber reunido alrededor de él a su pequeña familia.

Dijo: "Ahora Señor, tú dijiste que si nosotros te honramos en nuestros momentos buenos, tú serás fiel con nosotros en nuestros momentos de necesidad. Y como sabes, no nos vendría mal un poco de tu ayuda para poder seguir adelante".

Digo con toda sinceridad que al día siguiente de haber hecho esa oración, llegó en el correo un cheque por 1.200 dólares. Mi fe creció de una manera increíble durante esos años formativos, porque vi cómo Dios respondía a una familia que dependía de él. Eso ocurrió cientos de veces.

Mi esposa Shirley, no creció en un hogar cristiano, y sus experiencias fueron muy diferentes de las mías. Su padre era un alcohólico que abusaba de su familia, y sólo hablaba de Dios cuando maldecía. Aunque la madre de Shirley no era cristiana, era una mujer maravillosa que amaba a sus dos hijos, y se dio cuenta de que necesitaba ayuda para criarlos, y desde que eran muy pequeños, comenzó a enviarles a una iglesia evangélica que estaba cerca de su casa. Allí, Shirley aprendió acerca de Jesús, y de cómo orar.

Esa pequeña niña, atrapada en las garras de la pobreza y la angustia causada por alcoholismo de su padre, comenzó a hablar con el Señor acerca de su familia. Especialmente después que sus padres se divorciaron, le pidió a Dios que le concediera dos peticiones. En primer lugar, oró por un padrastro cristiano que les amara y proveyera a las necesidades de ellos. En segundo lugar, Shirley deseaba tener, algún día, un hogar y una familia dedicados a Dios. Ella comenzó a pedirle a Dios que cuando llegara el momento de ella casarse, le diera un esposo cristiano. Se me conmueve el corazón cuando pienso en esa niña, sola, de rodillas en su habitación, hablándole a Dios de su necesidad. Yo me encontraba en algún lugar, sin saber que ella existía, pero el Señor estaba preparándome para lo que ocurriría en el futuro. Cuando llegó el momento en que conocí a esta preciosa joven en la universidad, nadie tuvo que empujarme.

Esta historia es un hermoso ejemplo de la eficacia de la oración. El Gran Dios del universo, con toda su majestad y su poder, no estaba demasiado ocupado para oír la vocecita de una niña en necesidad. El no sólo nos juntó, sino que también envió a un buen hombre, que nunca se había casado, para que fuera padrastro de Shirley. Hoy en día, sus padres son cristianos, y están sirviendo al Señor en su comunidad.

Por lo tanto, cuando Shirley y yo nos conocimos, y nos enamoramos, trajimos una fe firme a nuestra relación. Desde esos días, decidimos que Jesucristo tendría el lugar principal en nuestras vidas. Recuerdo una ocasión en la que los dos nos encontrábamos sentados en mi viejo auto Mercury, antes de casarnos, y estábamos orando, dedicándole a el nuestro futuro hogar. Le pedimos al Señor que nos guiará en nuestro camino, y especialmente, que bendijera a los hijos que él quisiera prestarnos. Entonces le prometí a Shirley que pasaría el resto de mi vida tratando de proveerle de la clase de felicidad y seguridad que no había tenido cuando era niña. Esta fue la base sobre la cual edificamos a nuestra pequeña familia.

Ahora, después de más de tres décadas que hemos pasado juntos, hemos visto la constante fidelidad de Dios manifestada en su respuesta a nuestras oraciones. No sé dónde estaríamos hoy, sin esta fuente de fortaleza y apoyo. En realidad, la más importante área de desarrollo y madurez en nuestro matrimonio, ha sido la vida de oración de Shirley. Ella se ha convertido en lo que a veces llamamos: una "mujer de oración", porque se mantiene en constante comunión con el Señor. Es justo, al tener en cuenta su fervor espiritual, que haya sido nombrada directora del Día Nacional de Oración.

Ahora, permítame meterme en agua más profunda. Aunque cientos de versículos de la Biblia nos dicen que Dios escucha y contesta las oraciones, es importante que reconozcamos lo que la mayoría de nosotros ya ha observado, que él no hace todas las cosas que le pedimos, como nosotros quisiéramos. Podrían pasar años antes que veamos el cumplimiento de sus propósitos. Hay otras ocasiones en las cuales él nos dice "no", o "espera". Y seamos sinceros, hay momentos cuando no nos dice ni una palabra. Como hemos indicado, muchos creyentes se sienten confundidos y heridos, en esos casos, y su fe comienza a tambalearse.

Esta desilusión fue el tema de una novela clásica, escrita por Somerset Maugham, titulada: *Of Human Bondage*. El personaje principal era un joven que tenía un pie deforme, quien había detestado su deformidad desde que era muy pequeño. Cuando descubrió el cristianismo, pensó que había encontrado una manera rápida para librarse de su problema. Comenzó a pedirle a Dios que le sanara su pie y lo hiciera normal. A medida que comenzó a darse cuenta de que su repetida petición no le sería concedida, pensó que su fe no tenía ningún valor, y perdió interés en Dios. Me pregunto cuántas veces se ha repetido ese triste drama a través de los siglos.

Todos los que ya hace bastante tiempo que son cristianos, han tenido la experiencia de orar por algo que Dios parece no concederles. Por ejemplo, regresemos a la historia del cáncer de la piel de mi padre. Aunque fue sanado de su enfermedad, en la actualidad tanto él como mi madre están con el Señor. Nuestras oraciones sobre otras enfermedades que tuvieron después, no impidieron que partieran de este mundo cuando el Señor les llamó a través de la línea divisoria entre la vida y la muerte. Si esto le inquieta a usted, recuerde que Lázaro, a quien Jesús levantó milagrosamente de los muertos, volvió a morir después. **Todas** las personas, a las que Jesús sanó, finalmente murieron. Se dice que el tiempo cura todas las heridas.

¿Parece ser esto una contradicción de la afirmación acerca de la oración, que expresé anteriormente? ¡No debiera parecerlo! Piense por un momento en la clase de mundo que éste sería, si en todos los casos Dios hiciera exactamente lo que le exigiéramos. En primer lugar, los creyentes sobrevivirían por cientos de años a los incrédulos. El resto de los seres humanos se encontrarían atrapados en cuerpos que estarían deteriorándose, pero los cristianos y sus hijos vivirían en un mundo feliz, reservado para ellos. Nunca tendrían dolor de muelas, cálculos renales, o miopía. Tendrían éxito en todos sus negocios, sus hogares serían hermosos, etcétera. Todo el fundamento de la relación entre Dios y el hombre sería destruido poco a poco. Las personas buscarían la amistad con él para obtener los beneficios adicionales, en vez de como resultado de un corazón arrepentido y lleno de amor hacia él. En realidad, la gente más codiciosa de entre nosotros sería la primera en ser atraída a los beneficios de la vida cristiana. Lo más importante de todo es que las evidencias del imponente poder de Dios eliminarían la necesidad de tener fe. Como escribió el apóstol Pablo, en Romanos 8:24: "... pero la esperanza que se ve, no es esperanza; porque lo que alguno ve, ¿a qué esperarlo?"

Por lo tanto, nuestra fe no está afianzada en señales y maravillas, sino en el Dios soberano del universo. El no "actuará" de acuerdo con nuestras instrucciones, con el propósito de impresionarnos. Jesús censuró a los que querían que exhibiera sus milagros, con las siguientes palabras: "La generación mala y adúltera demanda señal;

pero señal no le será dada..." (Mateo 12:39) El quiere que le aceptemos sin que tengamos ninguna prueba. Jesús le dijo a Tomás: "... bienaventurados los que no vieron, y creyeron" (Juan 20:29). Nosotros servimos a este Señor no porque él hace lo que nosotros queramos, sino porque confiamos en su preeminencia en nuestras vidas. En fin de cuentas, él debe ser, y él *será*, el que decidirá qué es lo que nos conviene más. Nosotros no podemos ver el futuro. No sabemos cuál es su plan. Sólo percibimos el cuadro pequeño, y ni siquiera lo vemos muy claramente. Teniendo en cuenta esta limitación, parece increíblemente arrogante de nuestra parte que le digamos a Dios lo que él tiene que hacer, en vez de darle a conocer nuestras necesidades, y luego rendirnos a su voluntad.

Jesús mismo, nos dio ejemplo de esta actitud de sumisión. En el huerto de Getsemaní, le pidió a su Padre que apartará de él la "copa" de humillación y muerte. El sabía bien lo que significaba la crucifixión. La tensión emocional era tan intensa que grandes gotas de sangre salieron a través de su piel. En términos médicos, ese fenómeno se llama "hematidrosis", y sólo le ocurre a personas que están experimentando la más grande de las angustias. Sin embargo, incluso en medio de ese agudo dolor, Jesús oró diciendo: "... pero no se haga mi voluntad, sino la tuya" (Lucas 22:42).

Hay muchos otros ejemplos bíblicos de esta clase de sumisión a la autoridad de Dios. En tres diferentes ocasiones, el apóstol Pablo le pidió al Señor que quitara de él la molestia que él llamó "un aguijón en mi carne". Tres veces la respuesta fue: "No". En cambio, el Señor le dijo: "Bastante mi gracia; porque mi poder se perfecciona en la debilidad" (2 Corintios 12:9).

Usted recuerda también la historia de Moisés y su encuentro con la vóz de Dios en la zarza ardiente (Exodo 3 y 4). El Señor le ordenó que se enfrentara con Faraón y le exigiera que dejará libres de la cautividad a los hijos de Israel. Cuando Moisés le preguntó que por qué los hijos de Israel habrían de creer que Dios le había enviado, el Señor le armó de poderes milagrosos. Convirtió su vara en una culebra, y luego la convirtió otra vez en una vara. Después hizo que la mano de Moisés se pusiera leprosa, y luego se la sanó. Finalmente, le dijo que si el pueblo no llegara a creerlo por medio de esas dos señales, tomara de las aguas del río Nilo y las derramara sobre la tierra, y éstas se convertirían en sangre. Estas hazañas asombrosas fueron diseñadas para revelar el poder de Dios y probar la autenticidad de Moisés como su representante.

Pero, entonces ocurrió algo muy curioso. Moisés se quejó de que él carecía de elocuencia para realizar esa tarea ["Soy tardo en el habla y torpe de lengua" (Exodo 4:10)], sin embargo, Dios no le ofreció sanarle de su dolencia. ¿No parece eso algo extraño? Dios acababa de realizar milagros extraordinarios que capacitaron a Moisés para llevar a cabo la misión que él le había encomendado. ¿Por qué no habría de eliminar ese molesto impedimento del habla? Por supuesto, él tenía el poder para hacerlo. ¿No habría sido lógico que el Señor dijera: "Vas a necesitar una voz fuerte para guiar a un millón de personas a través del desierto. De hoy en adelante, hablarás con autoridad"? No, no fue así como respondió Jehová. Primero, se enojó con Moisés por usar esa debilidad como una excusa. Luego, nombró a Aarón, el hermano de Moisés, para que sirviera como su vocero. ¿Por qué Dios no "hizo las cosas bien" y se deshizo del problema?

No lo sabemos. Como he dicho anteriormente, hay ocasiones cuando lo que Dios hace no tiene sentido.

Podemos suponer que el Señor no sanó a Moisés de su "torpeza de lengua", porque como Pablo, él estaba aprendiendo que su poder se perfeccionaba en la debilidad. No había sido escogido para ser líder porque era un obrador de milagros, o un superhombre, sino porque el Señor había decidido usar sus insuficiencias y defectos.

Gracias a Dios, yo fui aceptado por él de acuerdo con la misma provisión. Cada uno de nosotros está lleno de imperfecciones y defectos, que el Señor podría superar con decir sólo una palabra. En cambio, frecuentemente él nos deja luchar con nuestras debilidades para revelar su poder. Este concepto viene directamente de la Biblia, Pablo escribió: "Pero tenemos este tesoro en vasos de barro, para que la excelencia del poder sea de Dios, y no de nosotros" (2 Corintios 4:7).

Me parece que *todos* los creyentes tienen, por lo menos, un problema con su "vaso de barro", que es especialmente agobiante, ya sea una aflicción o enfermedad persistente, que decididamente el Señor se niega a quitarle. Yo les llamo los "si solamente". Observe a sus amigos cristianos. Converse con ellos acerca de sus circunstancias. La mayoría de ellos admitirán que tienen un "si solamente" que impide que su vida sea ideal. Si solamente yo no tuviera diabetes, o sordera, o sinusitis (o cualquier combinación de problemas de salud). Si solamente mi esposo y yo pudiéramos tener hijos. Si solamente no me hubiera metido en ese mal negocio, o en ese pleito, o en esa relación matrimonial carente de amor. Si solamente no tuviéramos un hijo enfermo o retardado, o una suegra que me causa problemas. Si solamente no tuviéramos dificultades económicas. Si solamente no hubieran abusado sexualmente de mí, cuando era un niño o niña. Si solamente... si solamente Dios me librara de este problema. Sin embargo, los problemas persisten. En cuanto a esas dificultades, el Señor repite dulcemente lo que le dijo a Pablo, hace casi dos mil años: "Bástate mi gracia; porque mi poder se perfecciona en la debilidad" (2 Corintios 12:9).

Si se me permite parafrasear mi comprensión de este versículo, el Señor nos dice: "A cada uno se le pide que soporte algunas cosas que traerán consigo incomodidad, dolor y tristeza. Todo esto es tuyo. Acéptalo. Llévalo. Te daré la gracia para que puedas soportarlo". Así que, la vida sigue adelante en un estado de relativa imperfección.

Elisabeth Elliot propuso otra explicación de los problemas que tiene la humanidad, en un corto ensayo, titulado: "A pesar de todo, habremos de encallar". Ella escribió lo siguiente:

¿Alguna vez se ha entregado usted de todo corazón a algo, ha orado por ello y trabajado en ello lleno de confianza, porque creía que eso era lo que Dios quería que usted hiciera, y finalmente ver que todo "quedó encallado"?

En la historia del viaje de Pablo, como prisionero, a través del Mar Adriático se nos dice cómo un ángel le dijo a Pablo que no tuviera temor (a pesar de los vientos huracanados), porque Dios les libraría de morir a él y a todos los que estaban con él a bordo de la nave. Pablo animó a los guardias y a los demás pasajeros con esas palabras, pero agregó: "Con todo habremos de encallar en alguna isla" (Hechos 27:26, NVI).

Parecería como que el Dios que prometió librarlos de la muerte a todos, podría haber "hecho el trabajo mejor", salvando también la nave, y librándolos de la vergüenza de tener que llegar a la isla en los restos desechos de la embarcación. La realidad es que no lo hizo así, y tampoco él nos librará siempre de la muerte.

El cielo no está **aquí**, está **allá**. Si Dios nos diera aquí todo lo que queremos, nuestros corazones se contentarían con las cosas de este mundo, en vez de interesarse en las del venidero. Dios está atrayéndonos constantemente hacía arriba y lejos de este mundo, llamándonos a sí mismo y a su Reino que aún es invisible, donde ciertamente encontraremos lo que anhelamos tan intensamente. "Encallar" no es "el fin del mundo". Pero nos ayuda a "no meternos en tentación", la tentación a sentirnos satisfechos con las cosas que vemos.[1]

Hay una sabiduría práctica en estas palabras. Todos los creyentes "encayaremos" en algún momento de nuestras vidas, y debemos aprender a no dejarnos llevar por el pánico cuando nuestra embarcación choca contra un banco de arena. **Podemos** aprender a mantener esa calma bajo la presión. En Filipenses 4:11-12, el apóstol Pablo escribió: "**He aprendido** a contentarme, cualquiera que sea mi situación. Sé vivir humildemente, y sé tener abundancia; en todo y por todo estoy enseñado, así para estar saciado como para tener hambre, así para tener abundancia como para padecer necesidad". Esta es una serenidad adquirida.

---

1. "The Elisabeth Elliot Newsletter", septiembre/octubre de 1988.

Lamentàblemente, hay algunos ministros cristianos, muy conocidos, que confunden a las personas enseñándoles que no es necesario perseverar y tener dominio de sí mismo. ¿Por qué debemos practicar la resistencia cuando la salud y la riqueza están disponibles para cualquiera? Con sólo hacer los ruidos apropiados, podemos hacer uso de su poder, para llevar una vida libre de problemas. Ellos convertirían al Rey del universo en un mago servil, o un recadero con mucho poder, que está inevitablemente obligado a satisfacer los caprichos y deseos de nosotros los simples mortales. Esa es una peligrosa tergiversación de las enseñanzas de la Biblia, que tiene consecuencias de gran alcance para los que carecen de conocimientos.

Hace poco escuché a un predicador en la radio, quien dijo: "Si usted tiene una necesidad, será satisfecha en el momento que le pida al Señor que le ayude. En el mismo momento en que comience a orar, ya se ha realizado. Dios resolverá ese problema, ya sea de enfermedad, desempleo, necesidad de dinero; no importa lo que sea. Si usted tiene fe, no hay ninguna duda de que Dios lo resolverá".

Es cierto que a menudo el Señor interviene dramáticamente en las vidas de aquellos que tienen dificultades. La Biblia no podría ser más clara en cuanto a esta verdad. Pero **él** es el que decide cómo va a responder. ¡Nadie tiene el derecho de tomar esa decisión por él!

Después de escuchar a ese ministro en la radio hacer esa declaración generalizada, fui directamente a mi oficina en Enfoque a la Familia para asistir a una reunión devocional de miembros del personal. Allí compartí lo que había escuchado, y uno de mis colegas dijo: "Qué lástima que mi padre no sabe eso". Su padre, ya anciano, sufrió un debilitante ataque de apoplejía, y ahora tiene que permanecer sentado en una silla de ruedas, parcialmente paralizado. Este buen hombre, quien es un pastor jubilado que entregó su vida al servicio cristiano, está atravesando por momentos muy difíciles. Se pasa la mayor parte del día mirando por una ventana a una cancha de golf, en la cual jamás volverá a caminar. Es injusto el decirle a personas que están sufriendo de una manera como ésa, que se encuentran enfermas porque les falta la fe para estar como nuevas.

El verano pasado, cuando visité el Reino Unido, fui testigo de otro ejemplo de esta tergiversación. Había ido allí para escribir los primeros capítulos de este libro, y estaba sumamente enredado en los difíciles asuntos que estamos considerando. Casi en el momento justo, me enteré de que un "sanador por fe", norteamericano, iba a llevar a cabo una cruzada en Londres, que había sido muy anunciada. Los medios de comunicación hicieron muchos más reportajes acerca de él de los que le habrían hecho en su tierra natal. Le llamaban "uno de los más populares evangelistas televisivos en los Estados Unidos". (Realmente, no es muy conocido aquí.) Evidentemente, la prensa británica estaba convencida de que era un farsante que venía a estafar a los ingenuos en el nombre del Señor. Eso es, en realidad, lo que parecía.

No voy a juzgar los motivos de este evangelista televisivo, porque no lo conozco personalmente. Quizás, él cree que está realizando la obra del Señor. Pero hubo aspectos de su cruzada llevada a cabo en Londres, que eran inquietantes. Su anunció publicado en los periódicos populares sensacionalistas, mostraba un par de anteojos oscuros, como los que usan los ciegos, que tenían una grieta. También se veía un bastón blanco, roto en la mitad. El encabezamiento decía: "¡Algunos 'verán' milagros por primera vez!" ¿Se da cuenta usted de lo que eso quería decir? Estoy seguro de que miles de hombres, mujeres y niños impedidos, que vivían en Londres, comprendieron el mensaje. Daba a entender que el final de sus sufrimientos estaba a la disposición de los que asistieran al "servicio de milagros".

No es que Dios no pueda sanar a los ciegos, o cualquier otra enfermedad o deformidad. El puede, y así lo hace. Pero que yo sepa, nunca realiza esos milagros en masa. Permítame decirlo de esta manera: Nunca he visto que ningún ministro cumpla la promesa de sanar a todos los enfermos que vengan a las reuniones de sanidad. Por seguro, hay algunos que tratarán de hacernos creer que tienen "un toque mágico". Pero existen razones para el escepticismo. Además, a menudo existe una histeria inquietante, o un ambiente de circo en los servicios de sanidad. Tales milagros producidos en masa, son un insulto a la soberanía de Dios, y convierten la santa adoración a él en una farsa.

También estoy convencido de que cada partidario de la salud y la riqueza para todos, tiene un pequeño secreto en lo más profundo de su alma. Ha tenido la experiencia de orar por algún familiar, o amigo íntimo, que estaba gravemente enfermo, y que a pesar de sus oraciones no sobrevivió. Esto le ha ocurrido a cada pastor en todas las denominaciones. Pero rara vez se admite este secreto en medio de la ostentación y el entusiasmo de un "servicio de milagros". ¿Está usted de acuerdo en que hay algo que no es muy honesto acerca de ocultar esas ocasiones en las que Dios contesta: "¡No es mi voluntad!"?

Volviendo al caso del evangelista televisivo que fue a Londres, diré que los medios de comunicación británicos fueron aun más escépticos después que terminó la cruzada. Contrataron médicos para que entrevistaran y examinaran a las personas ciegas y enfermas, cuando salían de los "servicios de milagros". Los resultados fueron muy vergonzosos para los cristianos fieles, en esa gran ciudad, y realmente alejaron a algunos de los que no eran cristianos, y que de no haber sido así, habrían estado dispuestos a escuchar el mensaje del Evangelio.

Hay otra razón por la que estoy muy preocupado acerca de la enseñanza sobre la salud y la prosperidad para todos. La misma establece un nivel de expectativas que finalmente herirá y debilitará a los cristianos inestables. Alguien dijo: "La persona que no espera nada, nunca se sentirá decepcionada". En contraste, la persona que realmente cree que todos los problemas serán quitados del camino de los seguidores de Cristo, se queda sin ninguna explicación lógica cuando Dios no hace lo que ella esperaba. Tarde o temprano, una enfermedad, una crisis económica, un accidente, o alguna otra desgracia la dejará confundida.

¿Qué debe creer cuando descubre que la "vida tal como es", resulta ser muy diferente de la "vida como se supone que debería ser"? Tropieza, inclinándose a aceptar una de varias conclusiones: (1) Dios está muerto, aburrido, o desinteresado en lo que concierne a los seres humanos, o él no tiene ninguna importancia para nosotros; (2) Dios está enojado conmigo por algún pecado que he cometido; (3) Dios es caprichoso, indigno de confianza, injusto o siniestro; y (4) Dios me ha pasado por alto porque no oré lo suficiente o no mostré bastante fe.

Todas estas cuatro alternativas sirven para apartar a la persona de Dios, precisamente en el momento que su necesidad espiritual es mayor. Creo que esto es un truco de Satanás para debilitar la fe de los inseguros. Y todo comienza con una tergiversación teológica que promete una vida libre de tensiones y un Dios que siempre hace lo que se le dice. (Nota: algunas experiencias desagradables que tenemos en la vida, **sí** son resultado de un comportamiento pecaminoso. Hablaremos de estas circunstancias en el capítulo 9).

Las personas que dan respuestas fáciles a la temible pregunta acerca del sufrimiento humano, probablemente nunca han pasado mucho tiempo pensando en ello. Estoy seguro de que no han trabajado, como lo hice yo, en un importante centro médico infantil. En un lugar como ése, todos los días hay niños pequeños que tienen experiencias terribles. Algunos nacen sintiendo terribles dolores, y eso es lo único que conocen. Otros tienen madres que son adictas a la cocaína o a la heroína, y vienen a este mundo con una terrible necesidad de recibir una dosis de drogas. Por días, su lastimoso llanto resuena en toda la sala perinatal. Traen niños ya mayores, que han sido humillados, golpeados y quemados por sus abusivos padres.

Otros son como la pequeña niña de ojos pardos, que estaba en el departamento de oncología del Hospital Infantil de Los Angeles, y que recuerdo tan vívidamente. Era una preciosa niña de cuatro años de edad, cuyos padres creían que era normal y saludable. Pero el día antes que la llevaran al hospital, cuando la estaba bañando, la madre notó una protuberancia en su costado.

Resultó ser un tumor maligno bastante grande. Sólo le quedaban unos pocos meses de vida. Salí de la habitación, sintiendo un nudo en mi garganta, y deseando llegar a casa para abrazar a mis saludables hijos.

Quizá, usted se ha dado cuenta de que la vida parece ser evidentemente injusta. A algunos de nosotros nos mima y a otros los destroza. Tal vez ésta es la pregunta más inquietante de todas las que se le podrían hacer al cristiano pensativo. ¿Cómo podemos explicar una injusticia tan aparente? ¿Cómo puede ser que un Dios infinitamente justo y amoroso, permita que algunas personas experimenten toda una vida de tragedias, mientras que otras parecen disfrutar de "toda buena dádiva y todo don perfecto" (Santiago 1:17)? ¿Y a qué conclusión podemos llegar cuando la desdichada persona es un niño? Bueno, conozco la respuesta que dan los teólogos: que la enfermedad y la muerte entraron al mundo como resultado del pecado, y que todos estamos bajo sentencia de muerte. Esta llega más temprano para unas personas que para otras. Comprendo y acepto esta explicación, aunque nos deja con un espíritu afligido.

Es verdad que esta explicación del sufrimiento no es muy satisfactoria cuando miramos el rostro de un niño que está sintiendo algún dolor. Sin embargo, no tenemos otra mejor. Como he dicho anteriormente, sólo podemos escudriñar la mente de Dios Creador hasta cierto punto, y entonces, inevitablemente se nos acabará nuestra capacidad intelectual. Sus pensamientos no sólo son desconocidos para nosotros, sino que en su mayor parte son impenetrables. El nunca ha dado cuenta de sus acciones a los seres humanos, y jamás lo hará. Nadie lo examinará ni lo interrogará. En ninguna parte de la Biblia vemos a Dios hablando para defenderse, o tratando de conseguir nuestra aprobación para lo que él ha hecho. Simplemente dice: "Confía en mí". En su larga conversación con Job, Jehová no se disculpó ni siquiera una vez, o trató de explicar las causas de las pruebas experimentadas por su siervo. Sin embargo, se nos dice específicamente que Dios es amoroso, bondadoso, misericordioso, paciente, paternal, etcétera. ¿Qué vamos a hacer, pues, con la inquietud que sentimos por causa de las preguntas sin contestar? Todo queda reducido a las opciones planteadas por el doctor Jim Conway. Continuar creyendo en la bondad de Dios, y esperar hasta que veamos cara a cara al Señor, para hacerle nuestras preguntas, o llenarnos de amargura y de enojo por el sufrimiento que nos rodea. No hay otras alternativas. Inevitablemente, como usted puede ver, regresamos a la necesidad de la fe.

Bueno, permítame concluir con lo siguiente: Usted recordará la historia de Sadrac, Mesac y Abed-nego, relatada en el tercer capítulo de Daniel. Ellos quedaron expuestos a la ira del rey Nabucodonosor, al rehusar postrarse y adorar al ídolo que él había hecho. Nabucodonosor había dicho muy claramente que si otra vez se negaban a obedecer su orden, serían echados dentro "de un horno de fuego ardiendo". La respuesta de ellos a esa amenaza de muerte es uno de los pasajes más inspiradores de la Biblia:

> He aquí nuestro Dios a quien servimos puede librarnos del horno de fuego ardiendo; y de tu mano, oh rey, nos librará. Y si no, sepas, oh rey, que no serviremos a tus dioses, ni tampoco adoraremos la estatua que has levantado. (Daniel 3:17-18)

¡Qué valor mostraron estos hombres al enfrentarse con una muerte segura! ¡Qué convicción! ¡Qué fe! "Dios puede salvarnos", dijeron ellos, "y si no, le serviremos a pesar de todo". Eso es lo que Job quiso decir cuando dijo: "Aunque él me matare, en él esperaré" (Job 13:15). Es lo mismo que Pablo quiso decir cuando dijo: "Haya, pues, en vosotros este sentir que hubo también en Cristo Jesús" (Filipenses 2:5). En el versículo ocho Pablo describe cuál es ese sentir: "Se humilló a sí mismo, haciéndose obediente hasta la muerte, y muerte de cruz". Esa entrega total a la voluntad del Señor es lo que él quiere de su pueblo, incluso cuando las circunstancias parecen arremolinarse fuera de control. ¡El puede rescatarnos, pero si no...!

Para el lector a quien le han diagnosticado una enfermedad mortal, o el padre o la madre cuyo hijo está en peligro, o la viuda que se encara con la vida sola, quiero decir unas últimas palabras de estímulo. ¿Recuerda usted que cuando Nabucodonosor miró dentro del horno de fuego ardiendo, vio cuatro hombres en vez de tres, y el cuarto tenía el aspecto del "Hijo de Dios"? Es reconfortante observar que solamente Sadrac, Mesac y Abed-nego salieron del fuego, y que el otro Hombre, quien creemos que era el Cristo, permaneció allí para protegernos a usted y a mí cuando experimentamos nuestras ardientes pruebas.

El jamás le defraudará, pero tampoco usted podrá evitar las pruebas.

6

Preguntas y respuestas

A menudo, las personas que sufren tienen muchas preguntas acerca de la vida y la muerte, acerca del bien y el mal, y acerca de la naturaleza de Dios. ¿Por qué nos suceden cosas malas? Las siguientes preguntas expresan algunos de los asuntos que son motivo de preocupación para aquellos que atraviesan por momentos difíciles:

P1. El Señor respondió milagrosamente las oraciones por nuestro hijo, cuando él tenía ocho años de edad. Le habían hecho una cirugía de corazón abierto, y sobrevivió sin ningunos problemas permanentes. Pero, hace tres años, a mi esposo le diagnosticaron cáncer, y oramos por él día y noche. Sin embargo, murió el pasado mes de enero. Simplemente, no puedo comprender por qué Dios escuchó mi oración por nuestro hijo, pero permitió que mi esposo muriera. ¿Está él en el cielo, atento a nuestras oraciones, o no?

R1. Le aseguro que él está en el cielo, y que sus oraciones por su esposo no recibieron menos atención o compasión que las que hizo por su hijo cuando él estaba en peligro. La experiencia que usted ha tenido es evidencia de la soberanía de Dios. Como hemos dicho, él siempre será quien decidirá qué es lo mejor para los que le sirven.

Uno de los ejemplos más dramáticos de la soberanía de Dios, ocurrió en las vidas de mis buenos amigos Von y Joann Letherer. Cuando Von sólo tenía un año de edad, sus padres notaron que se le formaban moretones muy malos, cada vez que se golpeaba con algún mueble o se caía en su cuna. Lo llevaron al doctor, quien diagnosticó que Von tenía hemofilia, la enfermedad hereditaria que causa excesiva fluidez de la sangre. Su sangre carecía de la sustancia necesaria para poder coagularse, lo cual ponía en peligro su vida cada vez que sufría la herida más insignificante. En esos días, había muy poco tratamiento para la hemofilia, y no se esperaba que Von viviera después de la infancia. En realidad, sobrevivió debido a la oración y a que cuando llegó al final de la adolescencia le habían hecho un total de transfusiones de sangre de casi 188 litros.

Durante los años de su adolescencia, cuando repetidas veces la vida de Von estuvo pendiente de un hielo, había una joven junto a él. Su nombre era Joann, y era su novia de la infancia. Joann comprendió muy bien que el futuro de Von era incierto, pero lo amaba profundamente. Los dos decidieron que la hemofilia no iba a determinar el curso de sus vidas, y se casaron cuando él tenía veintidós años de edad y ella diecinueve.

Una nueva crisis ocurrió varios años más tarde, cuando Joann estaba embarazada para tener a su segundo hijo. Ella se enfermó gravemente, y le diagnosticaron la enfermedad de Hodgkin, un tipo de cáncer que ataca las glándulas linfáticas, y que en esos días solía ser fatal. Aunque los doctores habían desarrollado un programa de tratamiento, el embarazo de Joann impedía que se lo aplicaran a ella. Por supuesto, ella y Von podrían haber abortado al bebé, pero en vez de eso escogieron ponerse en las manos del Señor.

Comenzaron a pedirle a Dios que hiciera un milagro, y muy pronto lo recibieron. Varias semanas después que le diagnosticaron la enfermedad, el hospital repitió las pruebas de laboratorio y clínicas. Los doctores llegaron a la conclusión de que no había ninguna señal de que Joann tuviera la enfermedad de Hodgkin. Desde ese día hasta hoy, ella ha estado libre de cáncer.

Ahora bien, preste atención a lo que ocurrió en este caso. Como hemos visto, Von nació padeciendo de una enfermedad dolorosa y debilitante, acerca de la cual su padre, que es ministro, y su madre han orado continuamente. Repetidas veces, ellos le han pedido a Dios que sane a su hijo. Cuando Von creció, empezó a orar por sí mismo. Entonces Joann fue hecha parte de su vida, y se unió a él en oración. A pesar de las peticiones de ellos, y de muchas otras personas, el Señor decidió no sanar a Von de su hemofilia. A la edad de cincuenta y seis años, aún está afligido por este trastorno, y diariamente padece de inmovilidad de sus coyunturas y otras dificultades físicas relacionadas con su enfermedad. Todos los días, durante muchos años, Von ha tomado medicinas para poder hacerle frente al dolor. Sin embargo, su espíritu invencible ha sido un testimonio para mí y para muchas otras personas, a través de los años.

¿Por qué el Señor no ha querido sanar a este buen hombre? No lo sé. Algunos podrían decir que todos los que han estado orando por él han tenido falta de fe, excepto que la realidad es que Joann fue sanada en respuesta a las oraciones de los mismos creyentes. Las mismas personas que le pidieron al Señor que interviniera en su vida, son las mismas que han estado orando por Von. En un caso la respuesta fue "sí", en el otro fue "no". Y la vida sigue adelante. El Señor no ha dado ninguna explicación o interpretación de su respuesta, excepto por deducción: "Esta es mi voluntad para ti".

En estas, y en innumerable cantidad de otras circunstancias que ocurren en las vidas de los seres humanos, sólo podemos llegar a una conclusión: Dios hará lo que es mejor, y debemos continuar confiando en él a pesar de todo.

A la mujer, cuyo esposo murió recientemente de cáncer, quiero decirle unas palabras de estímulo: nuestro Padre no está inconsciente de sus circunstancias, aunque parezcan arremolinarse fuera de control. El está presente en todo. Agárrese de su fe, en medio de las preguntas sin respuestas. Algún día, sus propósitos serán conocidos, y usted tendrá toda una eternidad para hablar con él de ello. Mientras tanto, le pido al Señor que la ayude a hacerle frente a esta trágica pérdida, o quizá debo llamarla separación temporal, de su compañero y amigo.

P2. Sé que Dios puede hacer milagros, y aun resucitar a los muertos. Sin embargo, tengo que admitir que me resulta difícil depender de él cuando estoy atravesando por momentos sombríos. ¿Muestra esto que me falta la fe?

R2. La mayoría de nosotros luchamos tratando de no afanarnos por nada [vea: Filipenses 4:6], cuando nos sentimos inquietos o asustados por los acontecimientos en nuestras vidas. Sin embargo, podemos aprender a permitirle a Dios ser Dios, y aceptar su dirección y sus decisiones. Pero para responder directamente a su pregunta, quiero decirle que yo creo que es posible que usted esté confundiendo los conceptos de la fe y la confianza. Existe un ejemplo muy antiguo, que nos hace ver muy claramente estas dos ideas. Es el siguiente: Imagínese que usted está cerca de las hermosas y peligrosas cataratas del Niágara, entre la frontera de Canadá y el estado de Nueva York, y que uno de los equilibristas de un circo ha colocado una cuerda de un extremo al otro de las cataratas, con la intención de empujar sobre ella una carretilla para cruzarla al otro lado. Si pierde el equilibrio, con toda seguridad terminará ahogándose o quedará aplastado en las aguas que están abajo. Justamente antes de subirse a la cuerda, el hombre se da vuelta y le dice a usted: "¿Piensa que puedo realizar esta hazaña?"

Usted le contesta que su fama lo ha precedido, y cree completamente en que tiene la habilidad para caminar sobre la cuerda. En otras palabras, usted tiene *fe* en que logrará hacerlo.

Pero, entonces él dice: "Si de veras cree que puedo hacerlo, ¿por qué no se sube en la carretilla para que cruce al otro lado conmigo?" Aceptar esa invitación sería un ejemplo de una *confianza* extraordinaria.

A algunos de nosotros no nos resulta difícil creer que Dios puede hacer cosas tremendas. Después de todo, el creó todo el universo de la nada, y tiene poder para hacer todo lo que el quiera. Tener fe en él, puede ser algo bastante sencillo.

Sin embargo, mostrar confianza en él, lleva nuestra relación con él más lejos. Trae consigo un elemento de riesgo. Exige de nosotros que dependamos de él, confiando en que cumplirá sus promesas, aun cuando no se nos haya dado ninguna prueba de ello. Es continuar creyendo cuando la evidencia señala en la dirección opuesta. Sí, es meternos dentro de la carretilla y hacer el peligroso viaje de un lado al otro de las cataratas. Estoy convencido de que la fe durante los momentos de crisis es insuficiente, a menos que también estemos dispuestos a confiar nuestras vidas a su cuidado. Esa es una reacción aprendida, y para algunas personas es más difícil de aprender que para otras, por causa de su temperamento.

P3. A veces me siento tan cerca del Señor que estoy consciente de su aprobación sobre mi vida. Pero en otras ocasiones, me parece que él está a un millón de kilómetros de mí. ¿Cómo puedo lograr tener una estabilidad en mi vida espiritual, cuando su bendición y su presencia son tan inconstantes?

R3. Su presencia *no* es inconstante. Es la percepción que usted tiene de él, la que varía. Si su vida espiritual depende de los puntos altos o bajos de sus emociones, su confianza como creyente se bamboleará de un lado para otro como un barco en un mar tempestuoso. Muy pocas cosas son tan poco confiables en esta vida como la manera en que nos sentimos de un día para otro. Por eso nuestra fe debe tener su fundamento en una entrega firme de la voluntad, en su vida de oración y en un cuidadoso estudio de la Biblia.

Hay otro factor que es sumamente importante en cuanto a nuestra comprensión de cómo interviene Dios en los asuntos de los seres humanos. Tiene que ver el ritmo natural de nuestras vidas, es decir, la variación natural de las emociones y las circunstancias de positivas a negativas y luego nuevamente a positivas. Pocas veces tenemos, aproximadamente, más de dos semanas de tranquilidad antes que nos pase algo malo. El techo de la casa empieza a gotear, se nos rompe el auto, les da la varicela a los niños, o algún negocio nos sale mal. Mark Twain dijo que la vida es sólo un problema tras otro. Así son las cosas en este mundo imperfecto.

Si es de algún consuelo para aquellos de ustedes que también han sido arrastrados de arriba abajo en la montaña rusa de las emociones, es evidente en la Biblia que Jesús experimentó estas fluctuaciones. Su ministerio comenzó oficialmente en el río Jordán, donde fue bautizado por Juan el Bautista. Ese debe haber sido el día más estimulante de sus treinta años en la tierra. En Mateo 3:16-17 dice: "Y Jesús, después que fue bautizado, subió luego del agua; y he aquí los cielos le fueron abiertos, y vio al Espíritu de Dios que descendía como paloma, y venía sobre él. Y hubo una voz de los cielos, que decía: Este es mi Hijo amado, en quien tengo complacencia".

Qué increíble experiencia debe haber sido ésa para el joven Mesías. No hay palabras para describir lo que significó ser ordenado y bendecido por el padre de esa manera. Pero note que el siguiente versículo dice: "Entonces Jesús fue llevado por el Espíritu al desierto, para ser tentado por el diablo" (Mateo 4:1). ¿No es interesante que Jesús fue llevado directamente de la experiencia emocional más estimulante de su vida a una de las pruebas más terribles de todas las que habría de tener: una batalla de cuarenta días con Satanás? Observe, también, que él no fue al desierto por casualidad, tampoco fue su idea ir allí. ¡Fue *llevado* por el Espíritu para ser tentado por el diablo!

La agitación en la vida de Jesús sólo estaba comenzando. En cierto sentido, todo su ministerio estuvo caracterizado por la fluctuación. Después de su difícil período en el desierto, comenzó a recibir la adulación de las multitudes, a medida que se divulgaba la noticia de que un "profeta" estaba en medio de ellos. ¿Puede imaginarse usted las escenas de histeria, cuando los enfermos y los deformes se empujaban unos a otros, tratando de llegar cerca de él?

Luego, los principales sacerdotes y los fariseos comenzaron a hacer planes para matar a Jesús. El se convirtió en un hombre odiado por ellos, y finalmente en un criminal al que querían quitarle la vida. Trataban de avergonzarlo y de intimidarlo en donde quiera que iba. De un lado, se manifestaba la alabanza de la gente común, y del otro, el rencor de los líderes religiosos.

Veamos los acontecimientos relacionados con los últimos momentos de Jesús en la tierra. Mucha gente había ido a darle la bienvenida, a medida que se acercaba a la ciudad de Jerusalén, y lo recibieron, gritando: "¡Hosanna! ¡Bendito el que viene en el nombre del Señor, el Rey de Israel!" Sin embargo, pocos días más tarde, él tuvo la terrible experiencia de su persecución y su juicio. Las mismas personas que lo habían adorado, ahora gritaban pidiendo su ejecución. Después fue crucificado entre dos ladrones en el Monte Calvario. Tres días después, ese funesto día en la historia de la humanidad, fue seguido de las noticias más maravillosas de todas las que le han sido dadas a los seres humanos. Muy pronto, 120 discípulos recibieron el bautismo del Espíritu Santo en el Pentecostés, y nació la iglesia. Ese acontecimiento fue seguido por una increíble persecución de los creyentes y el martirio de muchos de ellos. Un día, había buenas noticias, y malas noticias el siguiente. Jacobo fue asesinado, pero Pedro fue rescatado. Los primeros cristianos experimentaron momentos de gozo y momentos de tristeza, mientras trabajaban arduamente en el establecimiento de la iglesia.

Lo que he tratado de demostrar por medio de las vicisitudes del ministerio de Jesús, es que no existe la estabilidad o la previsibilidad en este mundo imperfecto. Y es así también, para usted y para mí. Debemos esperar que nos ocurra lo que no esperamos, lo que no podemos ver, lo que nos irrite. Un día, podríamos estar muy por encima de los conflictos, y al siguiente pudiéramos estar arrastrándonos por los suelos. Así que, ¿de dónde proviene la estabilidad en un mundo como éste en el que todo está patas arriba? Sólo podemos encontrarla afianzando nuestra fe en el Señor, quien es inmutable y eterno, cuyas promesas nunca fallan y su amor es igual para todos. Nuestro gozo y nuestra esperanza pueden ser tan estables como la salida del sol, aunque los acontecimientos alrededor nuestro estén yendo de maravillosos a trágicos. Eso es lo que la Biblia nos enseña, y la paz de Dios siempre está a la disposición de todos los que escogen tenerla.

P4. A menudo he escuchado decir que Dios no nos abandonara cuando estamos experimentando pruebas dolorosas. Pero no sé qué es realmente lo que eso quiere decir. Usted nos ha mostrado que él nos deja atravesar por momentos difíciles. ¿Qué podemos esperar de él cuando nos encontramos en circunstancias llenas de tensión?

R4. Posiblemente me faltan las palabras necesarias para describir lo que les ocurre a los fieles en los momentos de crisis personal. Es casi indescriptible. Permítame decir, simplemente, que con frecuencia, en medio del caos el creyente fiel tiene un conocimiento íntimo de que Dios está presente y que aún él tiene control de la situación. Millones de personas han dicho que estaban conscientes de la presencia persistente del Señor cuando sus vidas estaban sistemáticamente deshaciéndose. En otras ocasiones, él nos permite ver evidencias de su amor en los momentos críticos.

Me acuerdo nuevamente de ese trágico día, en 1987, cuando mis cuatro amigos murieron en el accidente de un avión privado. Habíamos estado juntos la noche anterior, y yo había orado por la seguridad de ellos en el viaje de regreso a su hogar. El día siguiente, salieron para Dallas muy temprano por la mañana, pero nunca llegaron a su destino. Jamás podré olvidar la llamada telefónica en que nos dieron la noticia de que habían encontrado los restos del avión en un remoto cañón, pero no había ningún sobreviviente. Yo quería a esos hombres como si fueran mis hermanos, y su pérdida me golpeó muy fuertemente.

Las cuatro familias me pidieron que hablara en sus funerales. Las muertes prematuras de hombres tan llenos de vitalidad, y a quienes yo y muchas otras personas amábamos profundamente, parecía pedir a gritos una explicación. ¿Dónde estaba Dios cuando sucedió el accidente? ¿Por qué permitió él que ellos murieran? ¿Por qué tenía que despojar a sus familiares de hombres tan consagrados a Dios, y dejarles tambaleándose llenos de angustia y dolor? No había respuestas para estas dolorosas preguntas, y no fue mi intención contestarlas. Pero dije que Dios no había perdido el control sobre sus vidas, y quiere que todos confiemos en él cuando nada tiene sentido. En esos momentos, la presencia del Señor fue muy real para todos nosotros .

Al salir ese día del santuario, hablé con los seres queridos y los amigos, que se habían reunido allí para decirles adiós. De pronto, alguien señaló al cielo, y exclamó: "¡Miren eso!" Suspendido, directamente sobre la torre de la iglesia, estaba un arco iris que tenía la forma de una sonrisa. Ese día no había llovido, y sólo había unas pocas nubes. Sin embargo, este hermoso y pequeño arco iris apareció sólo sobre la iglesia. Después nos enteramos que había estado flotando por allí durante la mayor parte del servicio funeral. Fue como si Dios estuviera diciendo a las viudas y a sus hijos angustiados: "Tengan paz. Ellos están conmigo, y todo anda bien. Sé que ustedes no comprenden, pero quiero que confíen en mí. Voy a cuidar de ustedes, y este arco iris es una señal para que ustedes lo recuerden".

Una de las personas que estaban allí de pie, tuvo la idea de sacar una foto del arco iris, que está impresa más abajo. Cuando la foto fue revelada, vimos lo que nadie pudo notar en ese momento. Como usted puede ver, hay un pequeño avión privado acunado cerca del centro del arco iris.

Los escépticos y los incrédulos dirán que el arco iris y el avión son coincidencias que no tienen ninguna importancia espiritual. Esas personas tienen derecho a su opinión. Pero para cada miembro de las cuatro familias angustiadas, y por supuesto para mí, el Señor utilizó este fenómeno para comunicarnos su paz. El ha cumplido su promesa de cuidar de esas cuatro valerosas viudas y sus hijos.

Hay otros ejemplos que necesito compartir. Sandra Lund y su familia sobrevivieron al huracán Andrés, en el sur de la Florida, al pasar toda la noche en un refugio. Entonces, el día siguiente por la mañana, regresaron a su hogar para encontrar que todo había sido destruido, con la excepción de algunas de las paredes interiores. Mientras la aturdida Sandra caminaba a través de los escombros, encontró una nota que había pegado con cinta adhesiva en la cocina. Todavía estaba allí en el lugar donde la había puesto, y decía: "He aprendido a contentarme, cualquiera que sea mi situación". En lo que quedaba de una de las paredes del baño, estaba otro versículo que ella había pegado allí: "Alabad a Jehová, porque él es bueno". Sandra comprendió el mensaje.

Finalmente, diré que yo experimenté la misma presencia del Señor en otra clase de tormenta. El día 15 de agosto de 1990, temprano por la mañana, estaba jugando un partido de baloncesto, como era mi costumbre. A la edad de cincuenta y cuatro años, yo pensaba que estaba en muy buenas condiciones físicas. Hacía poco que había tenido un examen médico y se me había informado que tenía una salud excelente. Podía jugar baloncesto todo el día con hombres veinticinco años más jóvenes que yo. Pero esa mañana me esperaban sorpresas desagradables. Me encontraba a sólo unos pocos metros de donde, hacía unos dos años, el famoso jugador de baloncesto Pete Maravich había muerto en mis brazos. (Ahora ese gimnasio es un lugar santo para mí, como usted podrá comprender.)

De repente, sentí un dolor ligero en el centro del pecho. Pedí a mis amigos que me disculparan porque no me sentía bien. Luego, imprudentemente maneje mi auto hasta una clínica de emergencias, donde fui admitido. A propósito, este era el mismo hospital, donde unos veinticuatro años antes, habían llevado a mi padre después de tener un ataque cardíaco. Así comenzaron diez días que cambiarían mi vida.

Es una gran sorpresa para un hombre que aún cree que es un estudiante universitario, el darse cuenta que está mirando la muerte cara a cara. Llevó algún tiempo para que ese pensamiento penetrara en mi mente. Pasé mi primera tarde en la unidad de cuidados cardíacos, escribiendo un nuevo libro que estaba escribiendo junto con Gary Bauer, titulado: *Children at Risk [Niños en peligro]*. Las enfermeras pegaron en la pared, con cinta adhesiva, cinco posibles cubiertas para el libro, y a medida que los miembros del personal del hospital entraban en la habitación, les pedía que votaran a favor de una de ellas. Estuve escribiendo durante toda la tarde. Pero cuando a eso de la medianoche llegó el informe de las enzimas, y confirmó que el músculo del corazón había sufrido cierto daño, me di cuenta de que me encontraba en un problema bastante grave. Más tarde, quedó confirmado que la arteria izquierda descendente anterior, a la que los cardiólogos le dan el nombre de "la creadora de viudas", estaba completamente obstruida.

Miembros del personal del hospital vinieron a mí de todas partes. Me llenaron de tubos y comenzaron a suministrarme medicamentos intravenosamente. Durante toda la noche, una máquina automática para chequear la presión de la sangre se ponía a funcionar frenéticamente cada cinco minutos, y una enfermera me sugirió con mucha delicadeza que no me moviera, a menos que fuera absolutamente necesario. Todo eso hace que cualquiera preste atención. Mientras estaba allí acostado en la oscuridad, escuchando el sonido intermitente del osciloscopio, comencé a pensar muy claramente en las personas que amo, y en cuáles son las cosas verdaderamente importantes.

Afortunadamente, el daño que sufrió mi corazón resultó ser leve, y me he recuperado por completo. Todas las mañanas, cada día de la semana, hago ejercicios por una hora, y estoy comiendo alguna de la mejor comida que uno puede comer. Yo era un adicto a comidas poco nutritivas, y todavía no me siento muy animado acerca de comer coliflor, alfalfa, calabaza y otras cosas que hace algunos años me habrían dado náuseas. Ni aún estoy convencido de que fue la idea de Dios que los hombres hechos y derechos tengamos que comer como si fuéramos conejos y ardillas. Seguramente que hay un lugar en su plan para cosas como enchiladas, pizza, pasteles y helados. Sin embargo, estoy obedeciendo las reglas del juego. Mi dieta ha sido planeada por algunas de las especialistas en nutrición más pequeñas que he visto, que tienen la apariencia de alguien que jamás en su vida ha comido una verdadera comida. Quiero decirle que esta es una historia triste, pero por seguro me siento maravillosamente. Déme el yogur, por favor.

Durante los últimos nueve días que pase en la unidad de cuidado cardíaco, estuve muy consciente de las consecuencias de mi enfermedad. Yo había visto cómo mi padre y cuatro de sus hermanos habían muerto de la misma enfermedad. Comprendía plenamente que mi tiempo en este mundo podía estar llegando a su fin. Sin embargo, sentía la clase de paz inexplicable que describí anteriormente. Había miles de personas que estaban orando por mí en todo el país, y parecía estar sumergido en la presencia del Señor. Había llevado mi vida de tal manera, que estaba preparado para ese momento, y sabía que mis pecados habían sido perdonados. Ese es un conocimiento de gran valor cuando todo está en peligro.

No obstante, hubo un breve período en el que mi confianza comenzó a derrumbarse. El día antes que el doctor me diera de alta, me hicieron una angiografía para determinar la condición de mi sistema arterial y la extensión del daño sufrido por el corazón. El primer informe de ese examen fue mucho más alarmante de lo que más tarde se confirmó que debía ser, y los inquietantes resultados no pasaron inadvertidos para mí. Noté la preocupación en los rostros de los técnicos. Vi a una joven doctora, japonesa, leer el informe y luego la escuché murmurar: "Oh, eso no está bien". Para mí, fue como si hubiera dicho: "Esto va a causarle la muerte a usted".

Me llevaron de regreso a mi habitación, y me dejaron allí, donde me puse a pensar en qué sería lo que me estaba ocurriendo. Por primera vez durante esa larga y terrible experiencia, me llené de ansiedad. La medicina moderna puede aterrorizar a las mismas personas que trata de ayudar, a medida que los informes del laboratorio y los diagnósticos provisionales van llegando poco a poco. Uno puede adaptarse a cualquier cosa si se le da tiempo para hacerlo. Es la incertidumbre lo que agita los nervios. Me encontraba así meditando mientras esperaba que mi cardiólogo viniera a verme. Fue en ese momento que hice una oración breve y falta de elocuencia, desde lo más profundo de mi ser. Dije: "Señor, tú sabes dónde estoy ahora. Y tú sabes que me siento muy perturbado y solo. ¿Quieres enviar a alguien que me pueda ayudar?"

Poco después, mi buen amigo el doctor Jack Hayford, pastor de la Iglesia en el Camino, de Los Angeles, entró inesperadamente por la puerta. Muchos de ustedes le conocen por medio de sus libros y su ministerio en la televisión. Nos saludamos afectuosamente, y luego le dije:

—Jack, tu iglesia está en el otro lado de la ciudad. ¿Por qué tomaste tiempo para venir a verme hoy?

Nunca olvidaré su respuesta. Me dijo:

—Porque el Señor me dijo que te sentías solo.

Esa es la clase de Dios al que nosotros servimos. Amorosamente envió a ese buen hombre a visitarme, antes que yo pidiera ayuda. Ahora bien, es verdad que no siempre el Señor resuelve nuestros problemas instantáneamente, y que a veces nos permite andar en valle de sombra de muerte. Finalmente, todos haremos ese viaje. Pero él está con nosotros aun en los momentos más sombríos de nuestras vidas, y jamás podremos escapar de su infinito amor. Su amor me cubrió totalmente durante mi hospitalización, incluso en los momentos más tenebrosos.

Los versículos 23 al 26 del Salmo 73 significaron tanto para mí durante mi convalecencia. Creo que usted comprenderá por qué. Dicen así: "Con todo, yo siempre estuve contigo; me tomaste de la mano derecha. Me has guiado según tu consejo, y después me recibirás en gloria. ¿A quién tengo yo en los cielos sino a ti? Y fuera de ti nada deseo en la tierra. *Mi carne y mi corazón desfallecen; mas la roca de mi corazón y mi porción es Dios para siempre*".

P5. ¿Cree usted que el Señor todavía hace milagros, o ha pasado la época de su intervención sobrenatural?

R5. No tengo ninguna duda de que aún ocurren milagros todos los días, aunque como dije anteriormente, desconfío de las personas que tratan de presentarlos como si fueran algo común y que podemos recibir cuando nosotros queramos. He tenido el privilegio de presenciar algunas increíbles evidencias del poder de Dios en mi vida, y en la experiencia de personas muy cercanas a mí. Uno de los acontecimientos más milagrosos le ocurrió a mi amigo Jim Davis, cuando él y su familia visitaron el Parque Nacional de Yellowstone, en 1970. Poco después de eso, Jim fue nuestro invitado en uno de los programas de "Enfoque a la Familia", y compartió esa experiencia con nuestros oyentes. Lo que sigue son, más o menos, las palabras que él dijo en esa ocasión:

> Mi esposa y yo nos criamos en hogares cristianos, en los que se nos enseñó el poder de la oración. Pero no llevábamos vidas muy dedicadas a Dios. No orábamos juntos ni teníamos momentos de devoción en el hogar. Pero un día, ella hizo una entrega maravillosa de sí misma al Señor, y desde ese momento se puso a orar por mí. Me compró una Biblia, y empecé a estudiar la Palabra de Dios. Un cambio comenzó a ocurrir en mi corazón, pero aún no había madurez espiritual en mi vida.
>
> Ese verano, fuimos de vacaciones con otras cuatro parejas, al Parque Nacional de Yellowstone. El día siguiente, varios de estos amigos se fueron de pesca en un bote de aluminio, y una de las señoras pescó una trucha. Ella se inclinó para agarrar al pez con una red, y se le cayeron los anteojos, los cuales se hundieron inmediatamente hasta el fondo del lago. Como era el comienzo de sus vacaciones, se sentía muy disgustada por esa pérdida, y no podía manejar o leer sin sus

anteojos. También le daban unos dolores de cabeza muy fuertes cuando no los usaba.

Esa noche, todos estaban hablando de los anteojos, y de cuán lamentable era que se hubieran perdido. Entonces mi esposa dijo: "No hay problema. Jim es un gran buzo. El va a bucear y los encontrará".

"¡Oye! Muchísimas gracias", le dije. "¿Sabes que el Lago de Yellowstone tiene 276 kilómetros de orilla, y todos los árboles se ven exactamente iguales? No hay ninguna manera en que pueda determinar dónde estaban ustedes cuando se cayeron los anteojos. Además, el agua está demasiado fría, unos diez grados centígrados. Ni siquiera le permitirían a uno esquiar en el agua allí. Y no tengo un traje de buzo, sólo un par de aletas y un tubo de respiración".

Mis objeciones cayeron en saco roto. Ella me dijo en privado que tenía la intención de orar para que el Señor me ayudara a encontrar los anteojos.

Pensé: *Sí, seguro.*

El día siguiente por la mañana, nos metimos en el bote y nos dirigimos aproximadamente a un kilómetro de la orilla del lago.

—Bueno, ¿dónde creen ustedes que se cayeron los anteojos —pregunté.

—Me parece que fue por aquí —dijo alguien.

Pues bien, me metí en el agua, y estaba helada. Me agarré de una soga, y el bote me arrastró por la superficie, mientras miraba hacia el fondo. El agua tenía una profundidad de más o menos tres metros, y era transparente como el cristal. Avanzamos unos quince metros en línea recta, y después regresamos haciendo otra línea igual. Después de haber estado buscando de esta manera, como por veinte minutos, estaba congelado hasta los huesos. Hice una pequeña oración, diciéndole al Señor: *Señor, si tú sabes dónde están esos anteojos, de veras desearía que me lo dijeras.* No estaba convencido de que él sabía dónde estaban. Ese es un lago muy grande.

Pero una suave voz en mi mente, dijo: *Sé exactamente dónde están. Súbete al bote, y te guiaré hasta ellos.* Bueno, no le dije a nadie acerca de este mensaje, porque me sentía muy avergonzado para decirlo. Pero unos veinte minutos después, estaba temblando de frío, y dije: *Señor, si todavía sabes dónde están los anteojos, me subiré al bote.*
Les grite a mis amigos, y les dije: "Estamos en el lugar equivocado. Están allá".
Me subí al bote y señalé a un lugar al que pensé que el Señor me estaba diciendo que lo hiciera. El conductor dijo: "No, nosotros no fuimos tan lejos". Pero seguimos yendo, y dije: "Para aquí mismo. Este es el lugar".

Me tiré de nuevo al agua, y miré hacia abajo. Estábamos justamente encima de donde estaban los anteojos. Me sumergí hasta el fondo, y subí de nuevo trayendo el premio. Esa fue una de las más claras respuestas a la oración, que he recibido en mi vida, y me avivó espiritualmente. También fue un testimonio increíble para mi esposa y para todos mis amigos. Y jamás olvidaré esos brillantes anteojos en el fondo del Lago del Parque Yellowstone.

A pesar de lo sorprendente que es esta historia, puedo asegurar su autenticidad según la relató Jim. Existen muchos testigos que recuerdan ese día extraordinario en el Lago de Yellowstone. Lo que no sé es por qué el Señor escogió revelarse de esa manera, o por qué no lo hace más frecuentemente. Desde luego, él tiene planes y propósitos que nosotros no conocemos.

No puedo dejar de relatar otro incidente que es uno de los ejemplos más interesantes de la intervención de Dios, que he escuchado en mi vida. Ocurrió en 1945, poco antes de que acabara la Segunda Guerra Mundial. Un joven pastor asistente, llamado Cliff, y su novia Billie, estaban deseosos de casarse, aunque tenían muy poco dinero. Se las arreglaron para reunir poco a poco suficiente dinero para tener una boda sencilla y dos pasajes para ir a una ciudad donde le habían pedido a él que junto con un amigo dirigiera unas reuniones de avivamiento. Ellos pensaron que al combinar esa responsabilidad con su luna de miel, podrían salir adelante. Hicieron planes para alojarse en un hotel de un centro turístico cercano.

Después que bajaron del tren que les llevó hasta esa ciudad, tomaron un autobús que les condujo hasta el hotel, para encontrar solamente que los militares habían tomado posesión de éste con el fin de usarlo como un centro de rehabilitación. Ya no estaba disponible para alojar a ningún huésped. Así que, allí estaban, solos en una ciudad desconocida, con nada más que unos pocos dólares. Lo único que podían hacer era tratar de ser llevados por alguno de los vehículos que pasaban por una carretera cercana. Muy pronto se detuvo un auto junto a ellos, y el chofer les preguntó a dónde querían ir.

"No sabemos", dijeron, y le explicaron la situación difícil en que se encontraban. El hombre fue muy comprensivo, y les dijo que tal vez podía hacerles una sugerencia. A unos pocos kilómetros más adelante se encontraba una tienda de comestibles, que era propiedad de una señora a la cual él conocía. Ella tenía un par de habitaciones disponibles en el piso de arriba, y pudiera ser que les permitiera permanecer allí sin que les costara mucho. Ellos no se encontraban en una posición en la que podían darse el lujo de escoger.

La señora les alquiló una habitación por cinco dólares. Durante el primer día que estuvieron allí, la nueva esposa se pasó la tarde practicando en el piano, y Cliff tocando el trombón que había traído con él. La dueña de la tienda estaba meciéndose en un sillón, mientras escuchaba la música. Cuando se dio cuenta de que eran cristianos, le habló de ellos a una amiga, quien les invitó a pasar el resto de su luna de miel en su casa. Algunos días después, esta señora les dijo que un joven evangelista iba a hablar en una reunión juvenil en un centro cristiano de conferencias que estaba cerca de su casa, y les invito a asistir.

Sucedió que esa noche quien regularmente dirigía los cantos se encontraba enfermo, y le pidieron a Cliff que se encargara de la música para el servicio. ¡Esa fue una ocasión histórica! El evangelista resultó ser el joven reverendo Billy Graham, y el joven recién casado era Cliff Barrows. Los dos se conocieron esa noche, y entre ellos quedó formada una sociedad que duraría toda la vida. Como todos los cristianos saben muy bien, Cliff y su esposa Billie, han sido miembros de la Asociación Evangelística de Billy Graham desde esa noche y han sido usados por el Señor en miles de cruzadas alrededor del mundo. Me imagino que Paul Harvey diría: "Y ahora usted conoce ... el *resto* de la historia".

¿No es increíble todo lo que el Señor hizo para juntar inseparablemente a estos dos hombres, como miembros del mismo equipo? Algunas personas dirían que ese encuentro fue una coincidencia, pero no estoy de acuerdo. Reconozco la mano de Dios cuando la veo.

¿Ocurren aún milagros como ocurrían en los tiempos bíblicos? Sí, pero suelen ocurrir de tal manera como para proteger la necesidad de la fe. Incluso las personas que son testigos de los mismos deben escoger creer o no creer en su realidad. ¡Yo he decidido creer!

P6. Cada vez que los cristianos hablan del dolor y el sufrimiento, podemos contar con que alguno citará Romanos 8:28, donde dice: "Y sabemos que para los que aman a Dios, todas las cosas cooperan para bien, esto es, para los que son llamados conforme a su propósito" (LBLA). Pero, ¿cómo puede ser eso literalmente cierto? Usted ha admitido que los cristianos experimentan la misma clase de sufrimientos que los incrédulos. Así que, ¿cómo podemos decir que de alguna manera todas sus dificultades "les ayudan a bien"?

R6. En primer lugar, debemos notar que el apóstol Pablo no dijo que todas las cosas son buenas. El no estaba pretendiendo que la muerte, las enfermedades, y el dolor son cosas realmente positivas disfrazadas. Pero sí dijo que Dios ha prometido tomar estas aflicciones y producir algo bueno con ellas. Mientras que lo que me suceda esté dentro de la voluntad perfecta de mi Padre, no tengo ningún motivo para temer, aunque me costara la vida. Uno de los artículos de nuestra declaración de fe es que podemos confiar en que Dios hará lo que es mejor para nosotros, aunque parezca contrario a nuestros deseos o a las actitudes que prevalecen hoy en día.

Contestaré esta pregunta de una manera distinta. Las leyes de la física nos dicen que jamás se pierde la energía que existe en el universo. Sencillamente, se transforma de un estado o condición a otro. Así ocurre con las experiencias de los seres humanos. Nada se pierde jamás totalmente. Dios usa cada acontecimiento para cumplir sus propósitos. Por ejemplo, en el primer capítulo mencioné que Jim Elliot y sus compañeros fueron matados con lanzas por los indios *huaorani* en el Ecuador. Su sacrificio pareció ser una terrible tragedia y un completo desperdicio de vidas humanas. Sin embargo, en el plan de Dios había un propósito. En los años siguientes, cada uno de esos indios llegó a conocer a Jesucristo como su Salvador personal. El evangelio fue firmemente sembrado entre todos los miembros de su tribu. Así que, Elliot y los demás misioneros que eran sus compañeros se regocijarán por toda la eternidad junto con los hombres que les quitaron la vida. Eso cooperó "para bien". Por lo tanto, debemos interpretar Romanos 8:28 desde esta perspectiva eterna, en vez de hacerlo desde un punto de vista temporal y apegado a la tierra.

Existen muchos otros ejemplos. ¿Recuerda usted la muerte de Esteban, el primero de los mártires cristianos en los días que siguieron a la crucifixión de Jesús? ¿Qué se logró para Dios por medio de la terrible muerte de este fiel apóstol, que fue matado a pedradas? Bueno, fue causa de que los primeros creyentes huyeran de la persecución romana. Y por dondequiera que ellos fueron, llevaron las noticias de la muerte y la resurrección de Jesús hasta los lugares más remotos del mundo conocido en esos tiempos. La "iglesia" fue plantada en una innumerable cantidad de comunidades y ciudades donde las Buenas Noticias no habrían llegado de otra manera.

Permítame citar un ejemplo con el cual podemos relacionarnos más fácilmente. Hace algunos meses, recibimos una llamada telefónica, del señor Greg Krebs, aquí en Enfoque a la Familia. El quería hacerme llegar un mensaje, y lo siguiente es lo que le dijo a uno de nuestros encargados de contestar las llamadas. El señor Krebs y su esposa tienen un hijo de veintiún años de edad, llamado Chris, al cual les habían aconsejado que lo abortaran antes de nacer. Ellos decidieron permitirle tener vida, pero nació con parálisis cerebral, y también es extremadamente retardado. Sus padres no se arrepienten de su decisión de haberle traído al mundo, porque ellos creen que la vida de todos los seres humanos es valiosa. Están muy agradecidos por su hijo, quien ha tocado sus vidas en maneras maravillosas.

"Dios lo ha usado tal como él es", dijo el señor Krebs.

Luego contó algo que había sucedido cuando Chris tenía sólo siete años. Dijo: "Durante ese tiempo, mi esposa trabajaba en un hospital, y un día en que fui a buscarla llevé a Chris conmigo. Como tardaba en salir, Chris y yo la esperamos en una de las salas familiares. Había otro hombre allí, que no estaba bien vestido. En realidad, olía un poco mal. Fui al lugar de las enfermeras, para preguntar cuánto más tardaría mi esposa, y cuando regresé vi a Chris sentado junto a aquel hombre, quien estaba sollozando. Me puse a preguntarme qué le habría hecho Chris para haberle ofendido, y comencé a pedirle disculpas".

"'Siento mucho que mi hijo le haya ofendido', le dije".

"El hombre respondió: '¿Ofenderme? ¿Ofenderme? Su hijo es la única persona que me ha abrazado en los últimos veinte años!'"

"En ese momento, me di cuenta de que Chris tenía un amor como el de Cristo hacia aquel hombre, mayor que el mío".

Gracias, señor y señora Krebs, por amar y valorar a su hijo a pesar de sus limitaciones. Estoy completamente de acuerdo en que no hay nadie "inservible" en el sistema de valores de Dios. El nos ama a todos igualmente, y él usa a todas las personas, incluso a las que están extremadamente retardadas, para cumplir alguna parte de su propósito. El también usará el dolor que sintamos, aunque no siempre podamos entenderlo inmediatamente.

Para repetir mi tesis, diré que cuando nos sometemos a la voluntad soberana de Dios podemos decir con confianza que "todas las cosas", sí, "todas las cosas", "cooperan para bien ... para los que son llamados conforme a su propósito".

7

La ley de la adversidad

Permítame ahora considerar este importante tópico de la "fe bajo fuego", desde otra dirección.

Cuando tenía diez años de edad leí mi primer libro sobre las estrellas y los planetas, y desde entonces me he sentido fascinado con el tema de la astronomía. Lo que capturó mi imaginación fue el tamaño relativo de esas pequeñas luces parpadeantes que vemos en el cielo. Descubrí que la tierra era un grano de arena, en comparación con los cuerpos celestes más grandes, que son nuestros vecinos. Aún estoy asombrado por las increíbles dimensiones de la creación de Dios. ¿Cómo puede uno comprender el significado de un universo visible que tiene una extensión de treinta mil millones de años luz de un lado a otro, y está compuesto de quizá cien mil millones de galaxias, cada una de ellas conteniendo cientos de miles de millones de estrellas? Es imponente el pensar en lo que existe allá arriba en el cielo silencioso. Una de las estrellas, relativamente cercana a nosotros, se llama Epsilon, realmente es más grande que la órbita del planeta Plutón de nuestro sistema solar. Si fuera hueca, cabrían dentro de ella más de dos mil millones de soles como el nuestro.

El rey David, quien no pudo saber nada de nuestra moderna astronomía, estaba profundamente consciente de la maravillosa obra realizada por el Señor en la creación. El escribió: "Los cielos cuentan la gloria de Dios, y el firmamento anuncia la obra de sus manos. Un día emite palabra a otro día, y una noche a otra noche declara sabiduría" (Salmo 19:1-2). En realidad, ¡así es! Me imagino que es por eso que aún el estudio de la astronomía es tan emocionante para mí. *Declara* la grandeza de la gloria de Dios como ningún otro campo de investigación. Después de explorar lo que el Creador ha hecho y cómo continúa controlando la inmensidad del universo, me es fácil confiar en él para todos los asuntos relacionados con mi vida. De alguna manera, parece que él puede encargarse de todos ellos.

Recuerdo con agrado una historia acerca de Alberto Einstein y su especulación sobre el tiempo y el espacio. Un día, estaba conversando con algunos de sus alumnos más inteligentes acerca de Dios y de si él existe o no existe. Entonces, Einstein les hizo esta interesante pregunta: "¿Qué porcentaje del conocimiento total del universo, suponen ustedes que poseemos ahora? Ellos le dieron varias estimaciones, con un promedio de aproximadamente dos por ciento. El viejo físico contestó: "Creo que sus suposiciones son demasiado altas, pero voy a aceptar esa cantidad de dos por ciento. Ahora díganme, ¿de acuerdo con el otro noventa y ocho por ciento, cuáles son las posibilidades de que Dios realmente existe?" ¡En verdad, ésa es una pregunta muy buena!

Hace algunos años, estuve leyendo más sobre astronomía, y encontré algo que fue escrito por el doctor Stephen Hawking. Es un astrofísico de la Universidad de Cambridge, y quizás es el hombre más inteligente sobre la faz de la tierra. El ha seguido los pasos de Einstein con dignidad. Ha hecho avanzar la teoría general de la relatividad, mucho más que ninguna otra persona desde que murió Einstein. Se le atribuye al doctor Hawking el mérito de haber hecho los cálculos matemáticos que sugieren la existencia de los agujeros negros en el espacio y de haber desarrollado otras teorías muy aclamadas.

Lamentablemente, el doctor Hawking padece de una enfermedad neouromuscular degenerativa, llamada esclerosis amiotrófica lateral, o enfermedad de Lou Gehrig, que finalmente le causará la muerte. Por años, ha tenido que estar en una silla de ruedas, sin poder hacer mucho más que permanecer sentado y pensar. Ni siquiera puede escribir las fórmulas matemáticas que rigen el proceso de sus pensamientos. En 1979, la revista *Omni* dijo acerca de él: "Su mente es una pizarra. El memoriza la larga cadena de ecuaciones que dan vida a sus ideas, luego dicta los resultados a sus colegas o a su secretaria, una hazaña que ha sido comparada con la de Beethoven escribiendo toda una sinfonía en su mente, o la de Milton al dictar: *Paraíso perdido* a su hija".

En estos últimos años, el doctor Hawking ha perdido hasta la habilidad para hablar, y ahora se comunica por medio de una computadora que él opera con los movimientos más leves de sus dedos. También la revista *Omni* dijo: "Está muy débil para escribir, alimentarse a sí mismo, peinarse y ponerse los anteojos. Alguien debe ayudarle haciéndole todo esto. Sin embargo, este hombre, uno de los que más dependen de otros, se ha escapado de ser clasificado como un inválido. Su personalidad brilla a través de los detalles de su trastornada existencia.[1]

---

1. *Omni*, (febrero de 1979): p 46.

Su aceptación de una enfermedad catastrófica, a pesar de que él no cree en el Dios de la Biblia, es lo que ha hecho que Stephen Hawking llame nuestra atención en relación con el tema que estamos considerando. Es posible que él sea un deísta, a pesar de que escribió un libro en 1988, titulado: *A Brief History of Time [Una breve historia del tiempo]*, en el cual se esforzó en dar razones convincentes de la necesidad que tenemos de la existencia de un Creador. Sin embargo, lo que él ha aprendido por medio de su incapacidad física es extraordinario, y puede ser muy instructivo para todos los que vivimos por fe.

El dijo que antes de enfermarse tenía muy poco interés en la vida. La llamó una "existencia sin sentido", como resultado de que siempre se sentía aburrido. En ese tiempo, bebía demasiado y trabajaba muy poco. Entonces, se enteró de que tenía esclerosis amiotrófica lateral, y que no debía esperar vivir más de dos años. El resultado final de ese diagnóstico, después de la conmoción emocional que le produjo al principio, fue extremadamente positivo. Declaró que había sido más feliz después de tener la enfermedad que antes. ¿Cómo podemos entender eso? Hawking dio la respuesta.

Dijo: "Cuando nuestras expectativas se reducen a cero, realmente apreciamos todo lo que tenemos". Este es el concepto que declaré en el primer capítulo de este libro. Lo diré de otra manera: la satisfacción en la vida depende, en parte, de lo que la persona espera recibir de ésta. Para un hombre como el doctor Hawking, quien pensó que iba a morir muy pronto, todo adquiere un nuevo significado: la salida del sol, un paseo por el parque o la risa de los niños. De pronto, cada pequeño placer se convierte en algo muy valioso. En contraste, las personas que creen que la vida les debe algo, a veces se sienten insatisfechos con lo mejor que reciben de ella.

También, el doctor Hawking dijo lo siguiente acerca de sus limitaciones físicas: "Si usted tiene algún impedimento, debe emplear sus energías en las áreas en que no tiene ningún problema. Debe concentrarse en lo que puede hacer bien, y no lamentarse por lo que no puede hacer. Y es muy importante que no tenga lástima de sí mismo. Si usted tiene un impedimento y siente lástima de sí mismo, entonces nadie va a querer tener mucho contacto con usted. Una persona que tiene alguna incapacidad física, ciertamente no puede darse el lujo de también estar incapacitado sicológicamente.[2]

Otra manera de expresar lo que dice el doctor Hawking es que una persona que se está enfrentando con dificultades extremadamente difíciles, debe esforzarse en hacerse más fuerte. Quejarse y tener lástima de sí mismo, son reacciones mortales, aunque parezcan muy lógicas y nos hagan sentir mejor. Una persona que tiene una crisis se fortalecerá o se desalentará por medio de ésta. Dentro de ciertos límites, la adversidad puede tener un efecto positivo en las personas, ayudándolas a fomentar su carácter. En cuanto a los cristianos, la Biblia dice que desarrolla la fe (Santiago 1:2-4).

Desde hace mucho tiempo, los biólogos han reconocido este concepto, al que llamaremos: la ley de la adversidad, y que obra en el mundo de las plantas y los animales. A pesar de lo extraño que parezca, el bienestar habitual no es provechoso para ninguna especie.

---

2. *Caltec News* (diciembre de 1975)

Una existencia sin desafíos produce víctimas entre casi todos los seres vivientes. Por ejemplo, observe a los animales débiles que viven en un zoológico. Todos los días los alimentan, y lo único que hacen es estar acostados bostezando. O piense en un árbol que está en una selva tropical. Como tiene mucha agua a su disposición, no necesita extender sus raíces nada más que a unos pocos metros de profundidad. Por lo tanto, no está bien afianzado, y una pequeña tormenta puede derribarlo. Pero un árbol mezquite, que se encuentra en una tierra hostil y árida, debe echar sus raíces a nueve metros de profundidad, o más, en busca de agua. Ni siquiera un viento muy fuerte puede hacerlo caer. Su ambiente adverso contribuye realmente a su estabilidad y vigor.

Esta ley de la adversidad, también tiene que ver con los seres humanos. Algunos de los ejemplos de valor más notables han ocurrido en países que se encontraban bajo presión muy fuerte. Esto me recuerda a las naciones de Europa, en los años cuarenta. Todas las guerras son horribles, y por supuesto no estoy tratando de quitarle importancia al sufrimiento que éstas causan. La Segunda Guerra Mundial costó cincuenta millones de vidas, y antes de terminar casi destruyó a todo un continente. Sin embargo, los que sobrevivieron esa experiencia horrorosas, se vieron obligados a adaptarse para poder resistir esa temporada en el infierno. Observemos los efectos de esa adaptación.

Los alemanes sufrieron una terrible devastación cuando la guerra estaba llegando a su fin, tal como la que ellos habían causado a otros. Algunas de sus ciudades más importantes fueron bombardeadas las veinticuatro horas; por los norteamericanos durante el día y por los británicos durante la noche. Dondequiera sólo podían verse la destrucción y la muerte. Había una enorme escasez de alimentos y de todas las cosas esenciales. Cuando terminó la guerra, ochenta por ciento de los hombres nacidos en 1922 habían muerto, llenando al país de dolor y tristeza. Por supuesto, estas tragedias fueron resultado de la agresión nazi, pero no por eso era menos real el sufrimiento que experimentaron las familias alemanas. Lo que es extraordinario, desde la perspectiva de hoy en día, es hasta qué punto se mantuvieron firmes. ¡No se derrumbaron! Aun en el invierno de 1945, cuando las fábricas habían sido bombardeadas, los trenes estaban destruidos y los puentes quedaron hechos escombros, la productividad de la nación aún era aproximadamente ochenta por ciento de la capacidad de antes de la guerra. El espíritu de cooperación permanecía siendo muy bueno. Toda la nación seguía mostrando un firme propósito de continuar luchando, aunque los ejércitos Aliados estaban apretando cada vez más la soga alrededor de Berlín.

La historia de la Gran Bretaña durante la guerra no fue menos impresionante. Churchill guió al pueblo al heroísmo personal. Comenzó por hablar de sus expectativas, ofreciéndoles sólo "sangre, trabajo duro, sudor y lágrimas". Eso les ayudó a fortalecerse contra las dificultades. En los días más sombríos de los bombardeos aéreos, cuando su amada patria estaba en peligro inminente de ser invadida, los británicos resistieron con firmeza. Nadie estaba seguro de si se podría detener a Hitler y a sus secuaces. Sin embargo, la canción más popular de Inglaterra, durante ese tiempo inquietante, era una expresión de esperanza, no de temor. Se llamaba: "Los acantilados blancos de Dover", refiriéndose a un área costera que estaba llena de cañones, aviones y equipos de radar. La letra, según lo que puedo recordar de cuando yo era niño, dice así:

> Volarán los pájaros azules sobre
> Los acantilados blancos de Dover,
> Mañana, sólo espera, y los verás.
> Habrá amor y risas,
> Y paz para siempre,
> Mañana, cuando el mundo sea libre.
> El pastor cuidará de sus ovejas,
> El valle florecerá otra vez,
> Y Jimmy dormirá en su pequeña
> habitación otra vez.
> Volarán los pájaros azules sobre
> Los acantilados blancos de Dover,
> Mañana, sólo espera, y los verás.

Esta canción se convirtió en un símbolo del valor de un pueblo que tenía puesta su mirada en un futuro mejor, más allá del sacrificio y la muerte. Churchill se refirió a esa época como "su momento más sublime".

Ese mismo espíritu invencible se manifestó evidentemente en muchos otros países que habían sido destrozados por la guerra. Y llegó a su punto culminante en la ciudad de Leningrado (que ahora se llama San Petersburgo), donde el pueblo ruso soportó una gran privación durante un sitio de 872 días por el ejército alemán y el finlandés. Más de 650 mil personas murieron en 1942, la mayoría de ellas debido al hambre, las enfermedades y el cañoneo distante. Pero los sobrevivientes se negaron a rendirse a la tiranía. Su reacción a horrores inconcebibles, se encuentra entre uno de los ejemplos más impresionantes del valor humano. A San Petersburgo se le da hoy el nombre de "Ciudad de los Héroes".

Si es verdad que a menudo los tiempos difíciles producen firmeza emocional y física, entonces también lo opuesto tiene que ser cierto. Y en realidad, lo es. Con frecuencia, la vida fácil y la abundancia producen una profunda debilidad. Con el respeto debido hacia mis compatriotas, aquí en los Estados Unidos, diré que creo que el materialismo y la comodidad nos han hecho débiles y vulnerables. La continua prosperidad que disfrutamos, por lo menos en comparación con el resto del mundo, ha hecho que nos sintamos seducidos por la vida cómoda. A veces me pregunto si podríamos tolerar el nivel de privación que es común para la mayoría de los seres humanos. Parece que tenemos bastantes problemas tratando de hacerles frente a las presiones de la vida cotidiana.

El filósofo y autor ruso Aleksandr Solzhenitsyn reconoció esta debilidad nacional, poco después de haber llegado a los Estados Unidos como exilado de lo que era en ese entonces la Unión Soviética. En un discurso que pronunció en la Universidad de Harvard el día 8 de junio de 1978, y que ahora es famoso, se refirió a la vida fácil que satura a las democracias. Dijo que era obvio para él que las naciones occidentales no eran tan seguras y estables como parecían ser. Agregó que eran evidentes las señales de desintegración social en la cultura. Mencionó específicamente la falta de grandes estadistas y el comportamiento ilegal, tales como los disturbios y los saqueos que ocurrieron cuando hubo un paro del suministro eléctrico que momentáneamente dejó a obscuras a varias de nuestras ciudades. Solzhenitsyn presentó numerosos ejemplos antes de llegar a la siguiente conclusión: "Esa agradable cubierta externa debe de ser muy frágil, porque el sistema social es bastante inestable y débil".

Hoy en día, la tendencia a la violencia, que observó Solzhenitsyn, es una característica de los norteamericanos que ha aumentado aun más. Muy fácilmente se nos ponen los nervios de punta. A veces, las personas que manejan sus autos por las autopistas de Los Angeles gritan unas a otras por la ofensa más insignificante. La sociedad está saturada de toda clase de violencia. Los disturbios que ocurrieron en 1992 en Los Angeles y en otras ciudades, asombraron al mundo entero con su brutalidad desenfrenada y su vandalismo. El alcoholismo, la inmoralidad, la drogadicción, la desintegración de las familias, el abuso sexual de los niños, la pornografía, la delincuencia, la homosexualidad y los juegos de azar están más generalizados hoy que nunca. La cultura parece estar al borde de su destrucción. No se necesita mucho para hacerla desintegrar. Y esto está ocurriendo en tiempos relativamente *buenos*. Parece que, en realidad, la prosperidad es una mejor prueba del carácter que la adversidad.

¿Obra también esta ley entre los cristianos? No cabe duda de que así es. Observe a la iglesia en Europa oriental, en comparación con la iglesia en Europa occidental. Antes de la caída del comunismo y la apertura de las fronteras, la comunidad cristiana era mucho más fuerte bajo el dominio totalitario que en la cordialidad de la libertad. Esa verdad es increíble. La iglesia estaba viva y bien en Polonia, Checoslovaquia, Rumania y Alemania oriental, donde tenían muy pocas Biblias y materiales de estudio, no había seminarios y conferencias cristianas, tampoco emisoras religiosas de radio y de televisión, ni películas. La opresión comunista a que estaban sometidos los creyentes era intensa. Los pastores cuidaban de seis u ocho congregaciones debido a la falta de líderes capacitados. Ser cristiano significaba tener que pagar un precio muy alto. Sin embargo, la fe no sólo prevaleció en ese ambiente adverso, sino que floreció rápidamente.

En contraste, la devoción religiosa languideció en la libertad de Europa occidental. La apatía fue evidente de manera especial en países donde la iglesia recibía el apoyo económico del gobierno, tales como Dinamarca, Suecia, Noruega y Grecia. Por medio de esta historia reciente, uno podría llegar a la conclusión de que la mejor manera de acabar con la iglesia, o debilitarla, es quitar de su camino todos los desafíos.

Pensemos más de cerca en esta ley de la adversidad. ¿Qué tiene que ver con usted y conmigo? ¿Podrá ser que nuestro Padre celestial permite que sus hijos tengamos que luchar, para mantenernos fuertes? Creo firmemente que así es. Eso fue, precisamente, lo que Santiago les dijo a los judíos cristianos en el primer siglo: "Hermanos míos, tened por sumo gozo cuando os halléis en diversas pruebas, sabiendo que la prueba de vuestra fe produce paciencia" (Santiago 1:2-3). Pablo repitió este tema en su carta a los Romanos: "Y no sólo esto, sino que también nos gloriamos en las tribulaciones, sabiendo que la tribulación produce paciencia; y la paciencia, prueba; y la prueba esperanza" (Romanos 5:3-4).

Jesús lo dijo aun más claramente: "Si alguno quiere venir en pos de mí, niéguese a sí mismo, y tome su cruz, y sígame" (Mateo 16:24). También el dijo: "Porque todo el que quiera salvar su vida, la perderá; y todo el que pierda su vida por causa de mí, la hallará" (v. 25). Esas palabras nos dejan muy poca posibilidad de duda. Jesús quiere que nos entreguemos completamente a él, que tengamos dominio propio y que nos mantengamos firmes. También él nos advirtió acerca de los peligros de la vida fácil. Creo, que eso es lo que él quiso decir cuando declaró: "Más fácil es pasar un camello por el ojo de una aguja, que entrar un rico en el reino de Dios" (Marcos 10:25). El no quiso decir que Dios establece una norma diferente, y más difícil, por medio de la cual los ricos son juzgados. Más bien, estaba ratificando que la riqueza puede hacernos depender de la comodidad que disfrutemos, y es sumamente seductora. Una persona que se crió acostumbrada a las cosas buenas de la vida, podría no sentirse atraída al camino de sacrificio de la Cruz. Como el joven rico que se alejó de Jesús, podría ser más difícil para una persona rica el seguir a este Maestro, que nos llama a realizar el sacrificio supremo.

No sólo es peligrosa la riqueza, sino que también lo es la adulación de nuestros semejantes. Si usted quiere saber de qué está hecha una persona, elévela a una alta condición social y llénela de expresiones de admiración. Dentro de poco, su carácter oculto se manifestará, y todos podrán verlo. Salomón escribió: "El crisol prueba la plata, y la hornaza el oro, y al hombre la boca del que lo alaba" (Proverbios 27:21).

Por medio de estos versículos de la Biblia y de muchos otros, debería ser evidente que nunca fue el propósito de Dios que la vida cristiana fuera un paseo a través de un jardín lleno de rosas. Esa existencia placentera terminó cuando Adán y Eva fueron echados fuera del jardín de Edén. Desde entonces, la vida ha sido un reto para todos nosotros. Estoy seguro de que usted ya sabía esto.

Hace varios años, me encontraba atravesando por un período de prueba, en el que estaba experimentando muchas frustraciones. Me sentía como Job cuando los que le traían malas noticias estaban esperando su turno para relatarle sus historias. Todo un mes había sido así. Entonces, una noche en la que Shirley estaba fuera de la ciudad porque había ido a una conferencia, decidí visitar mi restaurante favorito, que era un lugar donde vendían hamburguesas con servicio para automovilistas. (Eso fue antes que mi cardiólogo y mi esposa se pusieron de acuerdo para destruir uno de los placeres más agradables en esta vida.)

Entré apresuradamente en el auto Honda de mi hijo, sin recordar que cuando él regresó a la universidad yo había cancelado la póliza de seguro sobre el mismo. Había manejado por unas tres cuadras cuando me di cuenta de que estaba manejando sin estar protegido con un seguro de responsabilidad civil. Pensé: *Con sólo cometer un error tonto, podemos perder nuestra casa.* Estaba a nada más dos cuadras del lugar de hamburguesas, así que disminuí la velocidad y continué avanzando lentamente. Casi me detenía en cada esquina, mirando a ambos lados antes de seguir adelante poco a poco. Estoy seguro de que la gente pensaba que yo era un anciano que no sabía lo que estaba haciendo o un tipo raro, o las dos cosas.

Llegué sano y salvo a mi querido restaurante de hamburguesas, y di un suspiro de alivio. "¿Qué quiere ordenar, por favor?", dijo la voz apagada de un adolescente a través de la pequeña caja negra en la sección de servicio a los automovilistas. Le dije al joven lo que quería, y luego avancé hasta la ventanilla. Muy pronto, el empleado estaba extendiendo una mano para darme una bolsa que olía muy bien, así que me asomé por la ventanilla del auto para tratar de agarrarla. Allí estaba yo, con casi la mitad del cuerpo fuera del auto, cuando una señora de edad perdió control de su Mercedes que estaba detrás de mí. Se le había resbalado el pie del pedal del freno y había pisado el acelerador. ¡Aquello fue como si un tanque Sherman hubiera chocado con el cochecito de un niño.! De pronto, el Honda de Ryan y yo, salimos volando por el camino de entrada, sin saber a dónde íbamos a dar. Nunca encontré la hamburguesa.

Cuando finalmente el auto se detuvo, yo estaba tan aturdido que no podía ni moverme. Entonces, esta amable ancianita, de ochenta y un años, se acercó a mi ventanilla apresuradamente para ver si yo estaba bien, y para rogarme que no llamara a la policía. Me dijo: "Lo siento. Hace dos semanas, me ocurrió lo mismo con otra persona. Por favor, ¡no me denuncie! Voy a arreglarle el auto".

Debería haber informado a las autoridades acerca del accidente, lo sé, pero no tuve valor para hacerlo. La señora en el tanque y yo, estábamos teniendo la misma clase de mes.

Hay momentos, como éste, cuando creemos que el universo entero se ha puesto de acuerdo para hacernos daño.

Así que la vida es un desafío. No hay duda de que fue diseñada de esa manera. Observe cómo Jesús se relacionó con sus discípulos durante su ministerio en la tierra. Difícilmente alguien podría acusarle de haber mimado a esos hombres rudos. Imagíneselos una noche, en una pequeña barca. Usted conoce la historia. Se desató una gran tormenta mientras Jesús dormía apoyado sobre una almohada. Recuerde que varios de los discípulos eran pescadores profesionales, y que ellos sabían muy bien lo que una tormenta podía hacerle a una pequeña embarcación y a sus ocupantes. Ellos se asustaron, de la misma manera en que nos habría sucedido a usted y a mí. Pero allí estaba el Maestro, tranquilo y despreocupado, durmiendo profundamente en la popa. Las olas caían sobre la proa, poniendo a la barca en peligro de hundirse. Los hombres, llenos de pánico, no pudieron soportarlo más. Despertaron a Jesús, y le dijeron: "¡Señor, sálvanos, que perecemos!" Antes de calmar la tempestad, él les dijo a los discípulos: "¿Por qué estáis amedrentados, hombres de poca fe?" (Mateo 8:23-26, LBLA)

Si yo no supiera más que eso, sentiría mucha compasión por los discípulos en cuanto a lo que les sucedió en esa ocasión. ¿Quién podría culparlos por ponerse a temblar al encontrarse en medio de esa tormenta? No había guardacostas o servicio de helicópteros para rescatarlos de las agitadas aguas del mar. Si llegaban a caerse al agua en esa furiosa tormenta, eso sería el fin para ellos. Sin embargo, Jesús estaba decepcionado por su pánico. ¿Por qué? Porque el temor y la fe no van juntos. Y porque quería que ellos confiaran en él cuando estuvieran frente a la muerte. ¡Necesitarían esa confianza dentro de unos pocos meses!

Observemos a Jesús y los discípulos en otra ocasión en la que una vez más estaban en el mar. Según Marcos 6:45-50, él les había dado instrucciones de que entraran a la barca para que fueran a la ciudad de Betsaida antes que él. Entonces, se fue a un monte cercano a orar. Al parecer, Jesús podía ver todo el lago desde donde estaba sentado, y vio que los discípulos estaban remando "con gran fatiga, porque el viento les era contrario". El relato bíblico nos dice que "cerca de la cuarta vigilia de la noche vino a ellos andando sobre el mar" (v. 48). Desde el anochecer hasta la cuarta vigilia de la noche son *siete horas*. Durante siete horas, Jesús estuvo observando a los discípulos luchando con un fuerte viento contrario antes de ir a ayudarlos. A pesar de que no les ayudó inmediatamente, él los estuvo viendo y tuvo cuidado de ellos toda la noche. Es evidente que les permitió experimentar la necesidad que tenían, antes de ir a rescatarles.

A veces, también Jesús nos deja, a usted y a mí, que "luchemos remando", hasta darnos cuenta de la necesidad que tenemos de él. Al hacer esto, le da a nuestra fe una oportunidad de crecer y madurar. Pero podemos estar seguros de una cosa: El siempre nos está viendo. Cuando sus propósitos se cumplan y sea el momento apropiado, él calmará el tempestuoso mar y nos guiará seguros a la distante orilla.

Permítame hacer otro comentario acerca de los escritores y los oradores que promueven la expectativa de una vida cristiana fácil. Ellos quisieran hacernos creer que los seguidores de Jesús no experimentan las pruebas y las frustraciones que tienen los incrédulos. Algunos parecen estar tan ansiosos de decirnos lo que nosotros queremos oír, que tuercen las verdades de la Palabra de Dios. Quisieran hacernos creer que el Señor se apresura a actuar en el mismo momento que nos vemos frente a algún problema, para quitar de nuestro camino toda incomodidad o necesidad. Bueno, a veces él hace justamente eso. Pero en otras ocasiones no lo hace. De cualquier manera, él siempre está presente y tiene perfecto control de nuestras vidas.

Veamos otro ejemplo de la relación de Jesús con sus discípulos, que realmente no eran tan rudos. Ocurrió la noche antes que fue crucificado. Pedro, Jacobo y Juan estaban con él en el huerto de Getsemaní. A medida que la noche fue transcurriendo, Jesús comenzó a sentirse abrumado de tristeza por lo que le esperaba. Les pidió a los tres que se quedaran atrás y velaran mientras él iba un poco más adelante para orar solo. Tres veces, durante una hora, regresó a donde los había dejado y los encontró durmiendo "porque los ojos de ellos estaban cargados de sueño" (Mateo 26:43). Como antes, expresó su disgusto por la debilidad de los discípulos.

Debemos recordar que hacía unos pocos días estos hombres habían estado bajo considerable tensión. Comprendían que estar cerca de Jesús podía costarles la vida. Esa clase de peligro produce fatiga, especialmente después de uno haber estado despierto hasta las primeras horas de la madrugada. Era razonable que no fuese fácil para los discípulos el sentarse con la mirada fija en la oscuridad de la noche sin quedarse dormidos. No obstante, Jesús esperaba que ellos permanecieran despiertos, por eso les dijo: "Velad y orad, para que no entréis en tentación; el espíritu a la verdad está dispuesto, pero la carne es débil" (Mateo 26:41). Nuevamente, Jesús estaba exhortando a sus discípulos a fortalecerse, es decir, a esforzarse por tener un mayor control sobre sus impulsos. ¿Por qué? Porque la carne débil es más vulnerable a la tentación.

A través de la Biblia vemos constantemente este ejemplo. El Señor quiere que su pueblo sea fuerte. Lea de nuevo la historia de los hijos de Israel errantes por el desierto, perdidos, sedientos, sucios y sin hogar. Se cansaron de comer el mismo alimento aburrido, el maná, y se pusieron a desear regresar a Egipto. Posiblemente yo también me habría quejado de todas esas frustraciones, si me hubiera encontrado en una situación como ésa. Pero observe lo que dice en Números 11:1:

Y el pueblo comenzó a quejarse en la adversidad a oídos del Señor; y cuando el Señor lo oyó, se encendió su ira, y el fuego del Señor ardió entre ellos y consumió un extremo del campamento (LBLA).

Si eso parece severo, debemos recordar que Dios había escogido a este pueblo como propiedad suya, y estaba realizando una poderosa obra en sus vidas. Les había rescatado de 400 años de esclavitud

en Egipto. Hasta dividió las aguas del mar Rojo para facilitar su huida. El había tenido cuidado de cada una de las necesidades de ellos, sin embargo, lo único que hicieron fue quejarse. La Biblia nos dice que Dios es paciente y lento para la ira, pero finalmente se cansó de escuchar sus continuas quejas.

¿Quiere decir eso, según pareciera, que no tenemos libertad para expresarle al Señor nuestros más profundos anhelos y frustraciones? ¿Es él tan exigente y desinteresado que debemos ocultarle nuestros temores, o tratar de ser algo que no somos? ¿Deberíamos sonreír y resignarnos cuando nuestra alma está sumida en la angustia? ¿Debemos imitar a los patos que están tranquilos en un lago, pero por debajo de la superficie están chapoteando como locos? ¡No! Por lo menos, un centenar de versículos de la Biblia refutan esa imagen de un Dios desinteresado. Jesús dijo: "Venid a mí todos los que estáis trabajados y cargados, y yo os haré descansar" (Mateo 11:28). Se nos dice que "él conoce nuestra condición; se acuerda de que somos polvo" (Salmo 103:14). El también comprende que según nuestro temperamento algunos somos fuertes y seguros de nosotros mismos, y otros tenemos una tendencia natural a ser más inquietos.

Eso no debería ser una sorpresa para el Señor, quien nos hizo como somos.

También me imparte ánimo el ver la compasión de Dios hacia David cuando él expresó angustiosamente sus temores y frustraciones. No hay ninguna evidencia de que el Señor se disgustara cuando David expresó su dolor y sus temores. Entonces, ¿cuál fue la diferencia entre estas "quejas" aceptables, y las de los hijos de Israel muchos años antes? La respuesta la vemos en la naturaleza de las lamentaciones de David. Fueron expresadas en circunstancias en las cuales mostró su fe y su dependencia en Dios. Podemos ver claramente que, aun cuando estaba deprimido, David sabía quién era su Señor y a quién era que él tenía que serle fiel. Pero los hijos de Israel actuaron con incredulidad y de manera desafiante al quejarse. Una vez más, vemos que en la Biblia todo parece tener que ver con esa palabra pequeña y esencial: *fe*.

Hagamos un resumen: Ahora sabemos que la fe debe ser firme, pero ¿por qué? ¿Existe alguna razón lógica por la que el Señor nos pide que decidamos firmemente enfrentarnos con nuestras dificultades? Creo que se debe a la íntima relación que, según mencioné anteriormente, existe entre la mente, el cuerpo y el espíritu. No podemos tener estabilidad espiritual y ser emocionalmente inestables al mismo tiempo. Estamos envueltos en una guerra espiritual con un enemigo implacable, que continuamente está asechándonos. Necesitamos estar en las mejores condiciones posibles, para poder hacerles frente a los dardos y a las flechas que él nos lanza. Los cristianos débiles y que se han dado demasiada buena vida, no tienen la resistencia suficiente para pelear esta batalla. Así que, de vez en cuando el

Señor nos pone a hacer ejercicios espirituales con el fin de mantenernos en forma para la contienda.

Esa es la "ley de la adversidad", y todos somos afectados por ella de una manera u otra.

8

La fe debe ser firme

Concluimos el capítulo anterior hablando de la necesidad que tenemos los cristianos de estar en una condición adecuada "para la contienda". Esta analogía no es exagerada. Es interesante que el apóstol Pablo uso terminología militar para describir el servicio al que los cristianos hemos sido llamados. El dijo en 2 Timoteo 2:3-4: "Sufre penalidades conmigo, como buen soldado de Cristo Jesús. Ningún soldado en servicio activo se enreda en los negocios de la vida diaria, a fin de poder agradar al que lo reclutó como soldado" (LBLA). Esto nos mueve a preguntarnos: ¿qué es lo que verdaderamente significan estos versículos? ¿Qué tiene que ver el entrenamiento de un soldado con la vida del creyente? ¿Y qué es lo que quieren decir las palabras "sufre penalidades ... como buen soldado de Cristo"?

Todos hemos visto películas de John Wayne en las que las escenas de soldados combatiendo parecieran una aventura romántica en un parque. Hombres que han combatido en alguna guerra cuentan una historia muy diferente. La descripción más vívida de una batalla, que he leído en mi vida, fue hecha por Bruce Catton en sus excelentes libros sobre la Guerra Civil Norteamericana. Despues de leer varios de esos libros, escribí la siguiente descripción de la vida militar en el siglo diecinueve, y lo que los soldados tuvieron que sufrir durante la guerra entre los Estados de la Unión Norteamericana. Mientras la lee, medite en la analogía, hecha por el apóstol Pablo, entre los buenos cristianos y los soldados acostumbrados a la guerra:

Los ejércitos del Potomac y otros libros por Catton me ayudaron a obtener un conocimiento impresionante de la tenacidad de tanto los soldados yanquis como de los rebeldes. Sus vidas estuvieron llenas de privaciones y peligros, que son difíciles de imaginar hoy en día. No era raro que las tropas hicieran una marcha forzada de dos semanas, durante las cuales los comandantes amenazaban a los rezagados a punta de espada. A menudo los hacían pelear en una batalla terrible, solamente minutos después de haber llegado al frente. Trababan combates agotadores por días, mezclados con noches sin dormir a la intemperie, a veces en la lluvia o la nieve con temperaturas bajo cero. Durante la batalla, comían un tipo de bizcocho duro, y casi nada más. En ocasiones en las que tenían menos combates, podían agregar a su dieta carne de cerdo salada y café. ¡Eso era todo! Como era de esperar, tenían el intestino desbaratado por causa de la diarrea, la disentería y otras enfermedades relacionadas con éstas, que arrasaban sus filas. El ejército de la Unión informó bajas de hasta doscientos mil soldados debido a las enfermedades, que a menudo inutilizaban hasta cincuenta por ciento de ellos. Los soldados rebeldes sufrieron de igual manera.

En esos días, la experiencia de combate era increíblemente violenta. Miles de hombres peleaban cuerpo a cuerpo, y se mataban unos a otros como si fueran moscas. Después de una sangrienta batalla en particular, en 1862, cinco mil hombres quedaron muertos en una área de dos kilómetros, y veinte mil más fueron heridos. Un testigo dijo que se podía caminar sobre los cuerpos de los muertos por una distancia de más de noventa metros, sin poner los pies en la tierra ni siquiera una vez. Muchos de los heridos permanecieron donde habían caído, entre hombres y caballos muertos, durante doce o catorce horas, mientras sus gemidos y sus sollozos resonaban por todo el campo.

Hace poco, alguien me envió un proyectil de mosquete, que había sido encontrado en un campo de batalla histórico. Me quedé sorprendido al ver cuán grande y pesado era aquel pedazo de plomo. No es de extrañarse que la mayoría de las veces tenían que amputarles miembros a lo soldados que habían sido alcanzados por alguno de esos proyectiles. Desgarraban la carne y penetraban profundamente, despedazando los huesos de tal manera que era imposible repararlos. Por lo general, la cirugía era realizada sin usar anestesia, mientras cortaban a través de la carne y de los huesos con sierras y cuchillos que no estaban esterilizados. Después de cada batalla grande, era muy común el ver delante de la tienda de campaña del cirujano un montón enorme de piernas y brazos amputados. Se veía a los hombres regresando del campo de batalla en carretones, agarrándose los muñones sangrientos y sosteniéndolos hacia arriba para aliviar el dolor. Entonces no existían los antibióticos, y frecuentemente la gangrena ponía fin al trabajo que había comenzado una bala.

Aunque es impresionante su disposición a soportar esas privaciones físicas, uno tiene que admirar también la firmeza emocional de esos soldados. Creían en la nobleza de la causa por la cual estaban peleando, tanto los de la Unión como los de la Confederación, y estaban dispuestos a dar sus vidas por ella. La mayoría de ellos creían que morirían en la guerra, pero eso nos les importaba mucho.

Por favor, comprenda que yo no veo una virtud absoluta en los hechos heroicos realizados en ese tiempo. En realidad, los hombres estaban demasiado dispuestos a arriesgar sus vidas por una guerra que comprendían muy poco. Pero hoy en día su dedicación y su sacrificio continúan siendo monumentos conmemorativos a todos los que lucharon en ella.

Tal vez, no existe un ejemplo mejor de esta dedicación a un principio noble y al honor, que el que vemos en una carta escrita por el comandante Sullivan Ballou del ejército de la Unión. El escribió esa carta a su esposa Sarah, una semana antes de la batalla de Bull Run, que ocurrió el 14 de julio de 1861. Ellos habían estado casados por solamente seis años. Estas emocionantes palabras aún me llegan hasta lo más profundo de mi alma. La carta dice así:

Querida Sarah:

Todo parece indicar que vamos a ponernos en marcha dentro de unos pocos días, tal vez mañana, por miedo de no poder volver a escribirte, me siento obligado a escribirte unas líneas que puedas tener delante de tus ojos cuando yo ya no esté aquí.

No tengo ninguna duda, ni falta de confianza, en cuanto a la causa a favor de la cual estoy combatiendo, y mi valor no ha disminuido ni me ha fallado. Sé cómo la civilización norteamericana se inclina ahora hacia el triunfo del gobierno, y cuán grande es la deuda que tenemos con los que partieron antes que nosotros por medio del derramamiento de su sangre y el sufrimiento de la revolución. Y yo estoy dispuesto, totalmente dispuesto, a renunciar a todos los gozos de esta vida, con el fin de mantener este gobierno y pagar esa deuda.

Sarah, mi amor por ti es imperecedero. Parece atarme con poderosos lazos que solamente el Omnipotente puede romper, y sin embargo, mi amor por nuestra patria viene sobre mí como un fuerte viento que me lleva irresistiblemente encadenado al campo de batalla. Los recuerdos de todos los momentos felices que pasamos juntos inundan mi mente y mi corazón; y me siento profundamente agradecido a Dios, y a ti, por haberlos disfrutado por tanto tiempo, y qué difícil es para mí el renunciar a volver a tener momentos como ésos, y reducir a cenizas la esperanza de años futuros cuando, de haberlo querido

Dios, habríamos podido vivir juntos, amándonos y viendo a nuestros hijos crecer hasta llegar a ser hombres de bien.

Si no regresara con vida, mi querida Sarah, jamás olvides cuánto te quise, ni que al exhalar mi último suspiro en el campo de batalla, lo hice susurrando tu nombre. Perdóname mis muchas faltas y el dolor que te causé en muchas ocasiones. ¡Cuán desconsiderado, cuán tonto he sido algunas veces! Pero, oh, Sarah, si los muertos pueden regresar a esta tierra y estar cerca de sus seres queridos sin ser vistos, siempre estaré contigo en el día más claro y en la noche más oscura, siempre, siempre. Y si una suave brisa acariciara tu mejilla, será mi aliento. O si el aire fresco refrescara tu palpitante sien, será mi espíritu pasando por tu lado. Sarah, no llores como si estuviera muerto. Piensa que me he ido, y espérame, porque volveremos a encontrarnos.
Sullivan[1]

El comandante Ballou murió una semana después, en la primera batalla de Bull Run. ¿No se pregunta usted, como me pregunto yo, si realmente él pronunció el nombre de Sarah mientras se encontraba agonizando en el campo de batalla? Sin duda alguna, ella sufrió el más profundo de los dolores como consecuencia de esa terrible guerra.

---

1. Adin Ballou, recopilador y editor, *History and Genealogy of the Ballous in America*, (Providence, R.I.: Freeman and Sons, 1888) pp. 1058-1059.

¿Nos estará llamando el apóstol Pablo, en el capítulo 2 de su segunda carta a Timoteo, a llevar esta clase de vida de dedicación y sacrificio? Creo que así es. Sin embargo, este concepto casi parece irrazonable en estos tiempos de derechos individuales y de realización de nuestros más íntimos deseos. ¿Cuánto tiempo ha pasado desde que pensamos en nosotros mismos como soldados del ejército del Señor, altamente disciplinados? Hace años, ése era un tema muy conocido. "Firmes y adelante", era uno de los himnos favoritos de la iglesia. En él se proclamaba que los cristianos éramos "huestes de la fe" y que estábamos yendo "firmes y adelante ... sin temor alguno". También cantábamos: "¡Estad por Cristo firmes, soldados de la cruz! Alzad hoy la bandera, en nombre de Jesús". Asimismo decíamos: "Atrévete a como Daniel ser, atrévete a tú solo combatir. Atrévete a un propósito firme tener, atrévete a los demás decir". Esa era la manera en que los cristianos veíamos nuestra responsabilidad en esos días. Bueno, hemos llegado lejos. Ahora ponemos nuestro énfasis en apropiarnos del poder de Dios para lograr una vida más exitosa y próspera. ¡Parece que hemos perdido algo en el camino!

Uno de los cantos populares de hoy en día, presenta la siguiente idea feliz: "Algo bueno hoy sucederá, hoy sucederá, hoy sucederá. Algo bueno hoy sucederá, Jesús de Nazaret por aquí pasará". No me agradan en absoluto las palabras de ese cantito bien intencionado, porque están basadas en una teología equivocada. Comprendo cómo se deben interpretar esas palabras, pero las mismas dan a entender que el cristianismo le garantiza a la persona solo "cosas buenas", y eso no es cierto. Seamos sinceros. Según la interpretación del mundo, algo terrible podría ocurrirle a usted hoy. Los cristianos se enferman y mueren, como le sucede a todo el mundo. Pierden sus empleos, como las demás personas. Y también tienen problemas dentales, sus hijos se enferman, y sufren accidentes automovilísticos. ¡Creer lo contrario es una trampa de la cual muchos nuevos creyentes, y algunos ya viejos, jamás escapan!

Existe una razón por la que los grandes himnos de la iglesia han perdurado, en algunos casos por cientos de años. No están basados en palabras que nos hacen sentir bien, sino en firmes verdades teológicas. Uno de mis favoritos, relacionado con el tema que estamos considerando, tiene como título: "Jesús, he tomado mi cruz". Las palabras fueron escritas por Henry F. Lyte, en 1824, y la música fue arreglada de una composición de Mozart. Asimile profundamente, si quiere, la verdad contenida en estas increíbles palabras:

Jesús, he tomado mi cruz,
Todo lo he dejado por seguirte a ti;
Desnudo, pobre, despreciado, abandonado,
De ahora en adelante tú serás todo para mí:
Perecerá toda ambición egoísta,
Todo lo que he buscado, y esperado, y conocido.
Sin embargo, cuán próspera es mi condición:
¡Dios y el cielo aún son míos!
¡Váyanse la fama y las riquezas terrenales!
¡Vengan el desastre, el desprecio y el dolor!
En tu servicio, el dolor es placer;
La pérdida es ganancia, con tu favor.
Te he llamado: "Abba, Padre",
Mi corazón está firme en ti.
Las tempestades podrán rugir, y los cielos nublarse,
Pero todo cooperará para mi bien.

Este mensaje es un poco diferente del que nos dice: "Algo bueeeeeno hoy sucederá", y tal vez sea desagradable para un mundo moderno. Pero está totalmente de acuerdo con la Biblia, y usted puede poner los cimientos de una fe firme como una roca con él. Con este mensaje usted puede hacerle frente a cualquier experiencia que tenga en esta vida, aunque lo que Dios haga no tenga ningún sentido. Le sostendrá aunque usted ande en valle de sombra de muerte, porque usted no necesitará temer mal alguno. La vida no podrá volver a sorprenderle, jamás. Usted le ha entregado todo al Señor, sin importar si comprende las circunstancias o no. El se convierte en el que lo posee todo, incluyéndole a usted, y en el que pude quitarle todo a usted. Con este concepto bíblico y con una fe firme, bien fortificada, el temible "¿por qué?" pierde su significado alarmante. "¿Qué importancia tiene?", se convierte en una pregunta mejor. Usted no tiene la responsabilidad de explicar lo que Dios está haciendo en su vida. El no ha provisto suficiente información para que lo comprenda. En cambio, se le pide que se suelte y deje que Dios sea Dios. Ahí es donde se encuentra el secreto de la paz "que sobrepasa todo entendimiento".

Es posible que ésta no sea la interpretación teológica que el lector quería oír, especialmente aquel que ha llorado hasta que no le han quedado más lágrimas para derramar. Si usted es esa persona, espero que comprenda que no ha sido mi intención el quitarle importancia a su pérdida. Se me parte el corazón al pensar en las personas que han experimentado un sufrimiento profundo. La semana pasada recibí una carta escrita por un padre cuya hija murió en un accidente automovilístico que ocurrió hace aproximadamente dieciocho meses.

Me escribió para decirme cuán profundamente él y su esposa sienten aún el dolor; dolor que muy pocos de sus hermanos en la fe parecen comprender. Mientras leía sus palabras, y pensé en mi hija, que solamente tiene unos pocos años más de edad, me sentí afligido junto con este padre angustiado. La vida puede ser increíblemente cruel con alguien que ha perdido a un ser querido. Tal persona necesita la amistad amorosa y las oraciones de un hermano o una hermana en Cristo, que sencillamente esté a su lado para decirle: "Me importa lo que te ha sucedido". ¡Pero lo más importante de todo es que él necesita saber que también le importa a Dios!

Estoy convencido de que el corazón de Dios es atraído hacia aquellos que se agarran firmemente de su fe en los momentos de desesperación. Con cuánta ternura él debe mirar a los que han perdido a un querido hijo o hija. Cómo se compadece él de los que padecen de deformidades y enfermedades físicas permanentes. Esta identificación del Señor con las aflicciones de la humanidad es uno de los temas principales de la Biblia. A menudo, pienso en un joven que está en los primeros años de la adolescencia, al cual el doctor Tony Campolo describió en uno de sus mensajes. Este muchacho, se llama Jerry, y desde que nació ha padecido de parálisis cerebral. Jerry camina y habla con mucha dificultad, sin embargo, fue a un campamento cristiano de verano donde el doctor Campolo era el orador principal. Desde el primer día era evidente que Jerry sería rechazado por los otros jóvenes, quienes inmediatamente se prepararon para establecer una jerarquía de poder social. Surgió un "grupo de los populares", como siempre ocurre, compuesto mayormente de los muchachos bien parecidos y de las muchachas lindas. Eran demasiado sofisticados y egoístas para perder el tiempo con un inválido, con un perdedor como Jerry. También trataban mal a los demás marginados, los jóvenes cuyos sentimientos habían sido heridos por otros, y los que carecían de confianza en sí mismos. Esos muchachos no tenían ninguna oportunidad de ser parte del grupo.

Toda la semana, el doctor Campolo observó cómo Jerry luchaba tratando de encontrar su lugar entre los demás. Presenció escenas que eran verdaderamente crueles. Los muchachos populares se burlaban de su manera de caminar y hablar. Imitaban su forma dificultosa de hablar, diciendo: "¿Aaaa... quééé... hoooraaa... esss... laaa... claaaseee... deee... traaabaaajooosss... maaanuuuaaaleeesss?" Entonces, todos se reían histéricamente como si Jerry fuera sordo. En otras ocasiones, huían de él como de la peste. El doctor Campolo dijo que nunca ha odiado a nadie, pero que en esos momentos estuvo muy cerca de hacerlo, al ver lo que esos adolescentes insensibles y crueles estaban haciéndole al espíritu de alguien que ya había sufrido más de la cuenta.

La última mañana de las reuniones en el campamento de verano, se llevó a cabo un servicio durante el cual se invitó a los alumnos a que dieran su testimonio acerca de lo que Jesucristo había significado para ellos. Uno a uno, los más destacados fueron al micrófono: los atletas, las muchachas que dirigían los vítores en los juegos deportivos, y los muchachos populares. Todos dijeron sus pequeños discursos estereotipados, pero no hubo ningún poder en sus testimonios. Sus palabras eran vanas.

Entonces, mientras el doctor Campolo estaba sentado en la plataforma, se quedó sorprendido al ver que Jerry venía caminando por el pasillo desde la parte de atrás del auditorio. Los otros alumnos lo vieron también, y comenzaron a murmurar y a señalar con el dedo. Entonces, se oyeron unas cuantas risitas a lo largo de toda la muchedumbre. Jerry se acercó a la plataforma, caminando muy lentamente, y después comenzó a subir los tres escalones que había en uno de los lados, con mucho cuidado y dificultad. Finalmente, llegó hasta el micrófono. Por un momento se quedó allí de pie, mirando a sus compañeros, y entonces dijo con mucho esfuerzo: "Yooo... aaamooo... aaa... Jeeesuuusss... yyy... ééélll... meee... aaamaaa... aaa... mííí". Después se dio la vuelta, para comenzar su largo viaje de regreso a su asiento.

Campolo dijo que el sencillo testimonio de Jerry sacudió a aquella muchedumbre de adolescentes como una bomba. Su expresión de amor a Dios, a pesar de su incapacidad física y del ridículo de que había sido objeto, reveló el pecado y el egoísmo en las vidas de ellos. Todos empezaron a caminar por los pasillos, yendo hacia un lugar de oración en la parte del frente. El Señor había usado al vocero menos capacitado de entre todos aquellos adolescentes, para llevar a cabo sus propósitos. ¿Por qué? Porque Jerry era lo suficientemente firme como para ser su instrumento.

¿Cuán firme es la fe de usted, y la mía? ¿Le permitiremos al Señor que use nuestra debilidad, nuestra incapacidad, nuestra decepción, nuestra insuficiencia, para llevar a cabo sus propósitos? ¿Adoraremos y serviremos, usted y yo, como Jerry, a este Maestro, aun en medio del sufrimiento? ¿Hemos dejado lugar para la frustración y la imperfección, entre nuestras "expectativas" como seguidores de Jesús? ¿Tiene algo que decirnos la Palabra de Dios acerca de cómo llevamos nuestras vidas, y las cosas que nos hacen quejar? ¡Desde luego que sí!

Uno de mis pasajes favoritos de la Biblia, habla específicamente de este asunto de la firmeza, y concluiremos con esta poderosa idea. Los versículos se encuentran en una carta a los filipenses, que fue escrita por el apóstol Pablo desde Roma, donde se encontraba preso, y luego posiblemente fue ejecutado por hablar a otros de su fe en Jesucristo. Pablo tenía todo el derecho de sentirse muy angustiado en esos momentos. ¡Lo que le había ocurrido no era justo! En distintas ocasiones, recientemente: había sido azotado públicamente; se había visto careciendo de ropa y de alimento adecuado; y una vez lo apedrearon y lo dejaron como muerto. Podía haberse quejado amargamente de que el Señor lo había llamado a realizar una tarea difícil y luego prácticamente lo había abandonado. Ciertamente, el temible "¿por qué?" pudo haber estado en su boca, pero no era en eso en lo que Pablo estaba pensando. El escribió lo siguiente a los creyentes en Filipo:

> Regocijaos en el Señor siempre. Otra vez lo diré: ¡Regocijaos! Vuestra bondad sea conocida de todos los hombres. El Señor está cerca. Por nada estéis afanosos; antes bien, en todo, mediante oración y súplica con acción de gracias, sean dadas a conocer vuestras peticiones delante de Dios. Y la paz de Dios, que sobrepasa todo entendimiento, guardará vuestros corazones y vuestras mentes en Cristo Jesús (Filipenses 4:4-7, LBLA).

Luego, el apóstol Pablo habló directamente del asunto de las expectativas:

> Sé vivir en pobreza, y sé vivir en prosperidad; en todo y por todo he aprendido el secreto tanto de estar saciado como de tener hambre, de tener

abundancia como de sufrir necesidad. Todo lo puedo en Cristo que me fortalece (Filipenses 4:12-13, LBLA).

El secreto de Pablo, para estar contento, surge de un principio universal de la naturaleza humana. Consiste en confiar en Dios a pesar de las circunstancias, y no esperar demasiada perfección en esta vida. Viene un día mejor para aquellos cuya fuente de satisfacción es Jesucristo.

9

La paga del pecado

Hasta ahora, hemos hablado de las ocasiones cuando las aflicciones y las dificultades vienen a nuestras vidas sin que haya una razón evidente para que eso ocurra. Los accidentes, la muerte, las enfermedades, los terremotos, los fuegos, la violencia, etcétera, guían a los sobrevivientes a preguntarse: "¿Qué hicimos para merecer *esto*?" A menudo, su incapacidad para relacionar estas inexplicables "obras de Dios" con su propia mala conducta, produce la sensación de que Dios les ha traicionado y les ha hecho victimas. Todo parece ser injusto.

Sin embargo, existe otra fuente de dolor y sufrimiento en nuestras vidas, que debemos considerar. Fue descrita por el doctor Karl Menninger, en su libro titulado: *Whatever Became of Sin?* [*¿Qué ha sido del pecado?*] El escribió acerca del concepto de la desobediencia a Dios, que casi ha sido olvidado, y cómo éste determina nuestro bienestar. En realidad, muchas de las aflicciones por las que frecuentemente se le echa la culpa a Dios, son resultado del pecado. No estoy hablando de la maldición del pecado de Adán, sino del comportamiento específicamente pecaminoso, que hace estragos entre los seres humanos.

La Biblia nos dice claramente que existe una relación directa entre la desobediencia a Dios y la muerte. Santiago describe este vínculo de la siguiente manera: "Cada uno es tentado cuando es llevado y seducido por su propia pasión. Después, cuando la pasión ha concebido, da a luz el pecado; y cuando el pecado es consumado, engendra la muerte" (Santiago 1:14-15, LBLA).

Todo pecado posee esa característica mortal. No es que Dios está sentado en el cielo, y decide maltratar a los que cometen errores. Pero él prohibe ciertas maneras de comportarse porque sabe que finalmente destruirán a sus víctimas. No es Dios el que conduce a la muerte a la persona, sino el pecado. Y el pecado se convierte en un cáncer que consume a aquellos que se entregan a él.

El apóstol Pablo usó las siguientes palabras para describir la naturaleza maligna del pecado en su propia vida, y el maravilloso remedio que está a la disposición del creyente: "¡Miserable de mí! ¿quién me librará de este cuerpo de muerte? Gracias doy a Dios, [que ha sido hecho] por Jesucristo Señor nuestro. Así que, yo mismo con la mente sirvo a la ley de Dios, mas con la carne a la ley del pecado" (Romanos 7:24-25).

¿Qué es el "cuerpo de muerte", al que se refirió Pablo? Este término describía un horrible método de ejecución que era usado por los romanos en esos días. Ataban un cadáver a la persona condenada, de tal manera, que no podía librarse de él Entonces la carne podrida del cuerpo muerto comenzaba a corromper el cuerpo del prisionero. Inevitablemente, enfermedades e infecciones terribles producían una muerte lenta y dolorosa. Esto, según dijo Pablo, es lo que el pecado le hace a una persona que no ha nacido de nuevo. Se une a su víctima y contamina todo lo que toca. Sin la sangre de Jesucristo, que limpia de todo pecado, todos estamos irremediablemente condenados por esta plaga de maldad.

Esta relación entre el pecado y la muerte tiene que ver no solamente con las personas, sino también con las naciones. Durante el siglo dieciocho, por ejemplo, los dueños de las plantaciones norteamericanas y los hombres de negocios, se entregaron a la práctica de la esclavitud como un medio de obtener mano de obra barata y conveniente. Sin duda, desde el comienzo ellos sabían que ése era un negocio lleno de maldad. Los traficantes de esclavos secuestraban a los pacíficos aldeanos africanos, y los transportaban encadenados. Los encerraban tan apretadamente en barcos sucios y plagados de enfermedades que hasta cincuenta por ciento de ellos morían en el viaje hasta este país. Cada una de esas muertes era un asesinato, sin embargo, había un mercado norteamericano que estaba dispuesto a negociar con los sobrevivientes. Los compraban y los vendían como si fueran animales, sin respetar en absoluto la integridad familiar. Les quitaban sus hijos a los padres, y separaban a los maridos de sus mujeres. Algunos eran golpeados, otros eran violados, y a muchos los mataban trabajando. Era un sistema totalmente censurable, y sin embargo, practicado por una sociedad que profesaba temer a Dios. Las semillas de la destrucción habían sido sembradas.

Cuando el pecado es consumado, según dice Santiago, engendra la muerte. Desgraciadamente, el terrible pecado de la esclavitud fue consumado en 1860, cuando contribuyó a una guerra civil vergonzosa y devastadora. Muy pronto, toda una nación se vio cubierta de su propia sangre. Más norteamericanos murieron en esa lucha que en todos los demás conflictos juntos, incluyendo la Revolución, la Primera y la Segunda Guerra Mundial, la guerra de Corea, la de Vietnam, y cada escaramuza que ha ocurrido entre estos conflictos. En realidad, seiscientos mil esposos, padres e hijos, pagaron el precio supremo por la locura de la codicia y la explotación de una nación.

Y ahora vamos en la misma dirección otra vez. Casi treinta millones de bebés, que todavía no habían nacido, han sido asesinados desde que el Tribunal Supremo de los Estados Unidos dictó su vil decisión sobre el caso de *Roe contra Wade*, en 1973. Esa cantidad de muertes representa más de diez por ciento de la población de los Estados Unidos, y está aumentando unos 4.110 por día. Tal derramamiento de sangre y matanza, que ahora está ocurriendo en el mundo entero, no tiene precedentes en la historia de la humanidad, y sin embargo, sólo estamos viendo el principio. ¡Que nadie me diga que este crimen contra la humanidad va a quedarse sin castigo! Esos pequeños seres humanos, que no han podido hablar, claman al Todopoderoso desde los incineradores y los montones de basura donde los han tirado. Algún día, este "holocausto de personas que aún no habían nacido" traerá la muerte y la destrucción sobre esta nación. Sólo espere, y lo verá. Esto es parte de la naturaleza del universo. Inevitablemente, el pecado destruye a la nación que lo practica.

Lea las palabras que el Señor dijo a los hijos de Israel, hace casi cuatro mil años: "A los cielos y a la tierra llamo por testigos hoy contra vosotros, que os he puesto delante la vida y la muerte, la bendición y la maldición; escoge, pues, la vida, para que vivas tú y tu descendencia" (Deuteronomio 30:19). ¡Lamentablemente, Estados Unidos ha escogido la muerte, y las consecuencias serán catastróficas.

Permítame mencionar otro ejemplo. Durante miles de años, ha existido la opinión general de que las relaciones sexuales antes de casarse y fuera del matrimonio son peligrosas. Los que quebrantaban las reglas se ponían en peligro de contraer sífilis y gonorrea, así como de tener un embarazo no deseado y ser objeto del rechazo de la sociedad. Las mujeres, aun más que los hombres, comprendían los peligros de la promiscuidad sexual, y trataban de protegerse de ella. Por supuesto, había excepciones, pero por lo general, la cultura reconocía y apoyaba las normas cristianas de moralidad. Y podemos estar seguros de que esos principios eran defendidos ardientemente para beneficio de los adolescentes. En el año 1956, los sugestivos movimientos de cadera de Elvis Presley en la escena, que de acuerdo con las normas de hoy en día eran inofensivos, produjeron un vendaval de protestas de parte de los padres. Ellos comprendían hacía donde conduciría ese camino.

Esta dedicación a la castidad antes de casarse y a la fidelidad en el matrimonio, fue ampliamente apoyada en nuestra sociedad desde 1620 hasta 1967. Entonces, de repente, la lealtad a la norma bíblica se desintegró. Se ha dicho que nunca antes en la historia de la humanidad, una cultura había rechazado su principal sistema de valores morales más rápidamente de lo que sucedió durante los últimos años de la década de los sesenta. La promiscuidad sexual llegó a conocerse como "la nueva moralidad", que realmente no era ni nueva ni moral. Pero era divertida. Y casi se convirtió en el motivo principal de la vida. En realidad, los jóvenes de esos tiempos desafiaron de una manera sorprendente todas las costumbres y las tradiciones; y han pagado un tremendo precio por ello.

Lo trágico acerca de esto, fue que la iglesia protestante no se opuso firmemente al repentino desmoronamiento de la moralidad sexual, que ocurrió hacia fines de los años sesenta y comienzos de los setenta. En un momento en el que los cristianos deberían haberse puesto en pie para defender la moralidad bíblica, muchas denominaciones tenían dudas acerca de su realidad. Un gran debate interno, acerca de si las antiguas prohibiciones aún eran razonables o no, estaba haciendo estragos. En un artículo titulado: "El nuevo mandamiento: No lo hagas..., quizás", publicado en la revista *Time*, se hizo un reportaje sobre ese período de la historia de la iglesia, en el cual decía lo siguiente:

> En el monte Sinaí, Dios fue muy claro, él dijo: "No cometerás adulterio". Tradicionalmente, la mayoría de los cristianos devotos han interpretado que ese mandamiento abarca todas las relaciones sexuales fuera del matrimonio. Jesús incluso condenó los pensamientos lujuriosos, diciendo que el hombre que se complacía en ellos ya había cometido adulterio en su corazón. Pero en estos últimos años, bajo la presión de cambios ocurridos en el comportamiento sexual y de teólogos liberales, de mala gana las iglesias se han enfrentado con el problema de una "nueva moralidad" que pone en duda que cualquier "pecado", incluyendo el adulterio u otras actividades sexuales fuera del matrimonio, sea malo en todas las circunstancias.

Este movimiento comenzó en la década de los sesenta con un grupo de escritores que apoyaron la ética según "el contexto" o "la situación". De acuerdo con la definición hecha en un libro muy leído, escrito por el episcopal

Joseph Fletcher, la ética según la situación dice que siempre hay circunstancias en las que los principios absolutos de comportamiento fallan. La única manera razonable de poner a prueba la ética, según este argumento, es lo que el amor de Dios exige en cada situación en particular.

El artículo continuó, describiendo cuatro de las principales denominaciones en las que se estaban realizando esfuerzos para liberalizar las normas de conducta sexual de sus miembros. Cada una de las denominaciones había recibido informes de prestigiosos comités internos en los que se pedía que se hiciera una nueva definición de la conducta inmoral. Una de las iglesias más grandes consideró una resolución que de ser aprobada toleraría específicamente las relaciones sexuales entre personas solteras, los homosexuales y las personas que estuvieran practicando "otros" estilos de relaciones interpersonales. Otra examinó un informe que indicaba que tener relaciones sexuales antes de casarse no es intrínsecamente malo, a menos que una de las personas quiera aprovecharse egoístamente de la otra. También otra estaba considerando una "escala variable de relaciones sexuales permitidas fuera del matrimonio, adaptada a la permanencia, profundidad y madurez de la relación". También este informe describió "circunstancias excepcionales" en las que el adulterio podría estar justificado. La cuarta denominación había recibido una declaración escrita por seis directores de educación cristiana, quienes sostenían que "las relaciones sexuales son morales si la pareja está mutuamente comprometida al desarrollo de la personalidad de cada uno', omitiendo el matrimonio como un requisito".

El artículo de la revista *Time* concluyó diciendo:

En contra del concepto tradicional de que Dios quiere que los seres humanos se sometan al plan diseñado por él, la nueva moralidad establece su punto de vista en la idea de que Dios preferiría que las personas tomen sus propias decisiones responsables. ¡Qué tergiversación de la norma bíblica! En ningún lugar de la Biblia, ni siquiera una vez en sus sesenta y seis libros, hay la más pequeña señal de que Dios quiera que nosotros hagamos nuestras propias reglas. Sin embargo, esa fue la tendencia de esos tiempos.

Ahora, más de dos décadas después, encontramos que las ideas radicales que fueron introducidas en 1971 son muy aceptadas en la sociedad. La antigua moralidad ha sido gravemente debilitada, y en su lugar ha surgido una norma de comportamiento más libre de cohibiciones. Algunas iglesias han aprobado el estilo de vida homosexual, y en unos pocos casos, la ordenación de ministros homosexuales y de lesbianas. Los adolescentes, incluso miembros de iglesias conservadoras, están un poco menos "activos sexualmente" que los que no asisten a ninguna iglesia. Los Estados Unidos y la mayoría de los países occidentales, se han librado de las cadenas del legalismo. ¡Ha llegado un nuevo día! Pero antes que nuestra celebración llegue a su punto culminante, parece conveniente que preguntemos cómo ha funcionado "la nueva moralidad" hasta estos momentos. ¿Cuáles han sido las consecuencias del revisionismo que fue discutido tan vigorosamente a principios de la década de los setenta?

Bueno, usted conoce la respuesta a esa pregunta. El cáncer del pecado se ha consumido y está produciendo una asombrosa cosecha de muerte. Leamos las estadísticas y lloremos juntos:

> Un millón de norteamericanos están infectados con el virus de inmunodeficiencia humana (y 110 millones en todo el mundo).[1] Finalmente, cada una de estas infelices personas morirán de SIDA, a no ser que se encuentre una cura, lo cual no parece muy probable.
>
> Un millón de nuevos casos de enfermedad inflamatoria de la pelvis ocurren todos los años.[2]
>
> Cada año hay 1,3 millones de nuevos casos de gonorrea.[3] Se han desarrollado nuevos tipos de gonorrea que son resistentes a la penicilina.
>
> La sífilis ha alcanzado su nivel más alto en cuarenta años, con 134.000 nuevas infecciones por año.[4]
>
> Anualmente ocurren 500.000 nuevos casos de herpes.[5] Se estima que 16,4% de la población de los Estados Unidos, de las edades entre quince y setenta y cuatro años, están infectados; llegando a total de más de veinticinco millones de norteamericanos. Entre ciertos grupos el índice de infección es tan alto como 60%.[6]

---

1. Pamela McDonnell, Sexually Transmitted Diseases Division, Centers for Disease Control, U.S. Dept. of Health & Human Services, entrevista telefónica, 16 de marzo de 1992.
2. Ibid., 18 de marzo de 1992.
3. STD, CDC, *HIV Prevention*, p. 13.
4. Ibid.
5. Ibid.
6. Robert E. Johnson, y otros, "A Seroepidemiologic Survey of the Prevalence of Herpes Simplex Virus Type 2 Infection in the United States", *New England Journal of Medicine 321* (6 de julio de 1989), pp. 7-12.

De todas las enfermedades transmitidas sexualmente, no es el SIDA la que produce más muertes
entre las mujeres, como se creía generalmente.[1]
Es el virus de papiloma humano, que puede
causar cáncer del cuello del útero. Cada año,
6.000 mujeres mueren de esta enfermedad en los
Estados Unidos. Veinticuatro millones de mujeres norteamericanas están infectadas con este
virus.[2]

Un millón y medio de niños no nacidos son
abortados todos los años.[3]

Hasta 20% de las novias están embarazadas cuando
llegan ante el altar.[4]

El índice de divorcios en los Estados Unidos es
el más alto del mundo civilizado.[5]

Somos una nación de gente enferma, con familias débiles y fracasadas. Los Centros para el Control de Enfermedades de los Estados Unidos informaron recientemente
que cuarenta y tres millones de ciudadanos (cerca de
uno de cada cinco) están infectados con alguno de los
virus que se transmiten sexualmente y que son incura-
bles. Algunas personas morirán por causa de ello. Otras

1. Joseph S. McIlhaney, hijo, médico, *Sexually Transmitted Diseases* (Grand
   Rapids: Baker, 1990), p. 137.
2. Kay Stone, Sexually Transmitted Diseases Division, Centers for Disease
   Control, U.S. Dept. of Health & Human Services, entrevista telefónica, 20 de
   marzo de 1992.
3. U.S. Bureau of the Census, *Statistical Abstract of the United States: 1991*, ed.
   111 (Washington, D.C., 1991), p. 71.
4. Patricia McLaughlin, "Wedding Symbolism", *St. Petersburg Times* (2 de junio
   de 1990), p. 1D, citando información publicada por el National Center for
   Health Statistics.
5. *1990 Demographic Yearbook*, ed. 42, (Nueva York: United Nations, 1992),
   p. 752.

sufrirán por el resto de sus vidas. ¿Puede dudar alguien que la liberación sexual ha sido un desastre social, espiritual y fisiológico?

Se debió prever que así ocurriría. La humanidad ha tratado de pecar impunemente desde que la serpiente tentó a Eva en el jardín de Edén. Le dijo a ella: "No moriréis". Satanás la engañó, y el engaño continúa hasta el día de hoy. Instructores de educación sexual y grupos organizados de planificación familiar insisten en decirles a nuestros hijos que pueden salirse con la suya si usan condones. Lamentablemente, el gobierno de los Estados Unidos ha gastado dos mil millones de dólares con el fin de promover la idea de que tener relaciones sexuales antes de casarse está bien para todos los que "lo hacen de la manera correcta". Pero su programa ha fracasado rotundamente. ¿Por qué? Porque el fundamento moral del universo es una expresión de la naturaleza de Dios, y *todo* es gobernado por ésta. ¡Los que tratan de pecar sin sufrir las consecuencias están destinados a experimentar un terrible desengaño!

A veces, les pregunto a las personas si pueden recordar qué fue lo primero que Dios creó, y ellas tratan de recordar si en el capítulo 1 de Génesis dice que primero él creó la luz, el firmamento, o los cielos. Ninguna de estas respuestas es la correcta. En el capítulo 8 de Proverbios encontramos que la creación del universo físico fue precedida por otro acontecimiento. En este pasaje, el sistema de valores de Dios: su "sabiduría", habla en la primera persona. Leámoslo juntos:

> Jehová me poseía en el principio, ya de antiguo, antes de sus obras. Eternamente tuve el principado, desde el principio, antes de la tierra. Antes

de los abismos fui engendrada; antes que fuesen las fuentes de las muchas aguas. Antes que los montes fuesen formados, antes de los collados, ya había sido yo engendrada; no había aún hecho la tierra, ni los campos, ni el principio del polvo del mundo. Cuando formaba los cielos, allí estaba yo; cuando trazaba el círculo sobre la faz del abismo; cuando afirmaba los cielos arriba, cuando afirmaba las fuentes del abismo; cuando ponía al mar su estatuto, para que las aguas no traspasasen su mandamiento; cuando establecía los fundamentos de la tierra, con él estaba yo ordenándolo todo, y era su delicia de día en día, teniendo solaz delante de él en todo tiempo. Me regocijo en la parte habitable de su tierra; y mis delicias son con los hijos de los hombres. Ahora, pues, hijos, oídme, y bienaventurados los que guardan mis caminos. Atended el consejo, y sed sabios, y no lo menospreciéis. Bienaventurado el hombre que me escucha, velando a mis puertas cada día, aguardando a los postes de mis puertas. Porque el que me halle, hallará la vida, y alcanzará el favor de Jehová. Mas el que peca contra mí, defrauda su alma; todos los que me aborrecen aman la muerte (Proverbios 8:22-36).

¡Qué declaración tan evidente de la naturaleza divina! El fundamento moral del universo no fue algo que se le ocurrió a Dios después que había creado a los seres humanos. Al Señor no se le ocurrieron los Diez Mandamientos después que vio la desobediencia de los hijos de Israel en el desierto. No, el significado del bien y del mal surgió del carácter de Dios, y siempre ha existido.

Indudablemente, precedió la obra de la creación descrita en el capítulo 1 de Génesis.

¿Qué significa esto para usted y para mí? ¡Es un ejemplo de la autoridad que está detrás de las leyes morales que encontramos en la Biblia! Realmente son más importantes que las leyes físicas. El hecho es que un día el universo físico llegará a su fin y será reemplazado, pero la naturaleza moral de Dios es eterna. Y todos los que se le oponen "aman la muerte".

Ahora bien, ¿por qué he dado esta explicación al estar considerando la intervención de Dios en nuestras vidas? Porque yo creo que nosotros somos responsables de muchas de las pruebas y las tribulaciones que se nos presentan en el camino. Algunas son consecuencia directa del pecado, como hemos visto. En otros casos, el dolor que experimentamos es resultado de decisiones imprudentes. Es increíble cómo nos metemos en problemas porque actuamos de una manera tonta e irresponsable. Cuando pensamos en el montón de tonterías que los seres humanos hacemos, podemos comprender por qué el autor Mark Twain dijo en una ocasión: "A veces, parece que es una lástima que a Noé y a su familia no se les fuera el barco".

Me acuerdo de un viaje de pesca en alta mar, en el cual llevé conmigo a mi hijo Ryan, cuando él tenía unos diez años de edad. El capitán del barco localizó un banco de albacora, que hizo que veinticinco aficionados a la pesca nos pusiéramos frenéticos. Comenzamos a sacar los peces como locos. Yo estaba tan entusiasmado con el atún que había sacado que no me di cuenta de lo que mi hijo, falto de experiencia, estaba haciendo. Entonces miré hacia abajo para verlo, y vi que tenía todo el hilo de pescar enredado de tal manera que estoy seguro de que había batido todos los récords. Todavía no puedo imaginarme cómo mi hijo pudo enredar tan completamente un carrete de hilo de pescar que había estado perfectamente enrollado. Era un caso perdido. Ni siquiera Houdini habría podido desenredarlo. Tuve que cortar y tirar a la basura unos 137 metros de lo que Ryan llamó "cuerda" para poder sacarlo del problema en que se había metido.

Su hilo de pescar, enredado y lleno de nudos, es un símbolo de lo que muchos de nosotros hacemos con nuestras vidas. Bebemos demasiado, nos ponemos a apostar compulsivamente en juegos de azar, o permitimos que la pornografía se apodere de nuestras mentes. Manejamos nuestros autos demasiado rápido y trabajamos como si hoy fuera el último día de nuestras vidas. Desafiamos a nuestro jefe de una manera irrespetuosa, y luego reventamos de ira cuando él responde atacándonos. Gastamos el dinero que no tenemos y que no podríamos devolver jamás. Nos quejamos y peleamos continuamente en el hogar, y llenamos de tristeza nuestras vidas y las de nuestros familiares. No sólo nos metemos en problemas sin querer hacerlo, sino que nos ponemos a buscarlos. Quebrantamos las leyes de Dios, y después creemos sinceramente que nos hemos librado de las consecuencias. Entonces cuando recibimos la "paga" de esos pecados e imprudencias, miramos hacia el cielo sorprendidos y preguntamos a gritos: "¿Por qué tenía que ocurrirme esto a mí?" La verdad es que estamos sufriendo las consecuencias naturales de un comportamiento peligroso que está garantizado que nos causará dolor.

Por supuesto, no es mi intención el dar a entender que todas las enfermedades físicas son resultado del pecado, y en el capítulo 5 ya hablamos de esa trampa. Sin embargo, existen situaciones en las que la relación es innegable. Pienso en enfermedades que surgen como consecuencia de los abusos que cometemos contra nuestros cuerpos, tales como el cáncer del pulmón, que es resultado de fumar, o la cirrosis causada por el alcoholismo, o las enfermedades mentales provocadas por el uso de narcóticos. Estas son heridas que nos causamos a nosotros mismos.

Un ejemplo más pertinente hoy en día es el fenómeno relacionado con el virus de inmunodeficiencia humana. A menudo, se hace la siguiente pregunta: ¿Ha enviado Dios la epidemia del SIDA como castigo del comportamiento homosexual? ¡Creo firmemente que la respuesta correcta es *no*! Muchas víctimas inocentes, incluyendo bebés recién nacidos, están padeciendo esta enfermedad y muriendo por causa de ella. Si fuera una maldición de Dios, se manifestaría de una manera más específica sobre las personas responsables. Sin embargo, la infección del virus de inmunodeficiencia humana se transmite por medio de la actividad homosexual, el uso de drogas y la promiscuidad sexual. Así que, el comportamiento pecaminoso ha contribuido a crear la epidemia que ahora amenaza a todos los seres humanos.

Piense en esto de la siguiente manera. Si yo escojo tirarme desde un edificio de diez pisos, moriré cuando mi cuerpo choque con el suelo. Es inevitable. Pero la fuerza de gravedad no fue diseñada por Dios para castigar mi mala conducta. El estableció leyes físicas que no podemos quebrantar sin que corramos un gran riesgo. Lo mismo ocurre con sus leyes morales. Son tan reales y fáciles de predecir como los principios que gobiernan el universo físico. Por eso, él sabía (y nosotros deberíamos haberlo sabido) que con el comienzo de la revolución sexual en 1967, este día de enfermedades y de promiscuidad sexual habría de llegar. Aquí está, y lo que hagamos con nuestra situación, determinará cuánto sufriremos nosotros y nuestros hijos en el futuro.

Tal vez, una última historia nos ayude a terminar de hablar de este tema y a mostrar claramente hacia dónde creo que estamos yendo en esta lucha entre el bien y el mal.

Se cuenta acerca de un misionero en el Africa, quien una tarde, ya casi al anochecer, regresó a su cabaña. Cuando entraba por la puerta principal se vio frente a una enorme serpiente pitón que estaba en el suelo. Corrió apresuradamente hasta su camión y sacó de él una pistola calibre 45. Lamentablemente, sólo tenía una bala. Apuntando con mucho cuidado, el misionero disparó esa única bala a la cabeza del reptil. La serpiente fue herida mortalmente, pero no murió en el momento. Con furia comenzó a retorcerse y a dar golpes contra el suelo. El misionero retrocedió hasta el jardín delantero, y desde allí podía oír el ruido de los muebles y las lámparas siendo rotos. Por fin, todo se tranquilizó, y cautelosamente volvió a entrar. La serpiente estaba muerta, pero todo el interior de su cabaña estaba hecho pedazos. En sus últimos momentos antes de morir, aquel enorme pitón había descargado todo su poder y su ira sobre todo lo que tenía a la vista.

Después, el misionero desarrolló una analogía entre el pitón y la gran serpiente llamada Satanás: nuestro adversario ha sido mortalmente herido por medio de la muerte y la resurrección de Jesucristo. (En Génesis 3:15

el Señor dijo a la serpiente: "Y pondré enemistad entre ti y la mujer, y entre tu simiente y la simiente suya; ésta te herirá en la cabeza, y tú le herirás en el calcañar".) Así que, los días de Satanás están contados, y él lo sabe. En un último esfuerzo desesperado para frustrar los planes de Dios y engañar a Su pueblo, Satanás está descargando toda su furia sobre nosotros. El está fomentando el odio, el engaño y la agresión en donde quiera que los intereses humanos chocan. Sobre todo, desprecia la institución de la familia, que es un símbolo de la relación entre Jesucristo y su iglesia.

¿Cómo podemos sobrevivir en un ambiente tan peligroso? ¿Cómo podemos hacerle frente a la furia de Satanás en sus últimos días? La verdad es que no podríamos enfrentarnos con él en nuestras propias fuerzas. Pero preste atención a lo que Jesús dijo acerca de sus seguidores: "Mis ovejas oyen mi voz, y yo las conozco, y me siguen, y yo les doy vida eterna; y no perecerán jamás, ni nadie las arrebatará de mi mano. Mi Padre que me las dio, es mayor que todos, y *nadie las puede arrebatar de la mano de mi Padre* (Juan 10:27-28).

El apóstol Pablo confirmó que no es necesario que el pecado tenga poder sobre nosotros. El escribió:

> Así que, ahora que Dios nos ha declarado rectos por haber creído sus promesas, podemos disfrutar una verdadera paz con Dios gracias a lo que Jesucristo hizo por nosotros. Porque, en vista de nuestra fe, El nos ha situado en la posición altamente privilegiada que ocupamos, donde confiada y gozosamente esperamos alcanzar a ser lo que Dios quiere que seamos (Romanos 5:1-2, La Biblia al Día).

Estas son noticias muy importantes para todos los que están cansados y cargados por las presiones y tensiones de la vida. Todo se reduce a este simple concepto: Dios no está contra nosotros por causa de nuestros pecados. El está *a favor nuestro* en contra de nuestros pecados. Y eso hace un mundo de diferencia.

10

Más preguntas y respuestas

Ahora, concentremos nuestra atención en algunos temas nuevos que debemos considerar.

P1 Nosotros oramos por nuestros tres hijos antes que fueran concebidos, y hemos seguido haciéndolo todos los días de sus vidas. Sin embargo, nuestra hija, que es la segunda de los tres, ha escogido rechazar nuestra fe y hacer cosas que ella sabe que son malas. Está viviendo con un hombre que se ha divorciado dos veces y al parecer no tiene ninguna intención de casarse con él. Que nosotros sepamos, por lo menos ha tenido dos abortos, y su manera de hablar es vergonzosa. Mi esposa y yo hemos orado por ella hasta quedarnos agotados, y a pesar de todo no ha mostrado ningún interés en regresar a la iglesia. A veces, me enojo mucho con Dios por permitir que una cosa tan terrible como ésta suceda. He llorado hasta que me he quedado sin lágrimas. ¿Puede usted decirnos algo que nos anime?

R1. Ciertamente, puedo comprender su dolor. Yo creo que más personas se han sentido desilusionadas con Dios por causa de un hijo o una hija descarriado que por cualquier otro motivo. Para la mayoría de los padres cristianos no hay *nada* más importante que la salvación de sus hijos. Todas las demás metas y logros en la vida, son insignificantes al compararlos con esta transmisión de la fe a su descendencia. Esa es la única manera en que podrán estar juntos por la eternidad, y ellos, como usted, han estado orando día y noche por un despertamiento espiritual. Lamentablemente, si Dios no contesta rápidamente esas oraciones, existe la tendencia a echarle la culpa de lo que sucede y a luchar con intensos sentimientos de amargura. ¡La "barrera de la traición" reclama otra víctima!

A menudo, este enojo contra el Señor es resultado de un concepto erróneo acerca de lo que él hará y no hará en las vidas de las personas por quienes nosotros intercedemos. La pregunta clave es: ¿Exigirá Dios que nuestros hijos le sirvan, si ellos escogen un camino de rebeldía? Esta es una pregunta muy importante.

Según el doctor John White y los teólogos con los que he hablado acerca de ella, la respuesta es que Dios no obliga a nadie a aceptar su voluntad. Si ésa fuera su inclinación, jamás ninguna persona se perdería. En Segunda de Pedro 3:9, dice: "El Señor ... es paciente para con nosotros, no queriendo que ninguno perezca, sino que todos procedan al arrepentimiento". Para obtener esta gran salvación, hay una condición. La persona debe extender la mano y tomarla. El o ella debe arrepentirse de sus pecados y creer en el Señor Jesucristo. Sin este paso de fe, nadie puede tener el regalo del perdón y la vida eterna.

Entonces, ¿qué es lo que podemos lograr por medio de la oración, si existe una esfera de nuestras vidas en la que el Padre no intervendrá? En su profundo libro, titulado: *Parents in Pain [Padres que sufren]*, el doctor White dice:

En esto consiste el secreto de comprender cómo podemos orar por nuestros hijos o por cualquier otra persona. Podemos pedir con toda confianza que Dios abra los ojos de los que están moral y espiritualmente ciegos. Podemos pedir que los engaños de sí mismos, detrás de los cuales se esconden los pecadores, puedan ser reducidos a cenizas por el intenso fuego de la verdad; que las oscuras cavernas sean hechas pedazos para que entre la luz; que los disfraces puedan ser quitados de encima de un hombre o de una mujer para revelar su desnudez ante la santa luz de Dios. Sobre todo, debemos pedir que la gloria de Dios en la faz de Jesucristo, resplandezca en medio de la ceguera espiritual causada por el dios de este siglo (2 Corintios 4:4). Todo esto lo podemos pedir con toda seguridad de que no sólo nos oirá, sino que se deleitará en contestarnos.

Pero no podemos pedirle a Dios que *obligue* a un hombre, una mujer, o un niño a amarle y confiar en él. Pedirle que les libre de una tentación irresistible; que les dé toda oportunidad de arrepentirse; que les revele Su hermosura, Su ternura y Su perdón: *sí*, y mil veces *sí*. Pero pedirle que fuerce a un hombre, en contra de su voluntad, a arrodillarse delante de él: no en esta vida. Y que fuerce a alguien a confiar en él: jamás.[1]

En otras palabras, el Señor no salvará a una persona en contra de su voluntad, pero él tiene miles de maneras

---

1. John White, *Parents in Pain*(Downers Grove, Ill: InterVarsity Press, 1979), pp. 47-48 (*Padres que sufren*, Editorial Unilit).

de moverle a estar más dispuesto a hacerlo. Nuestras oraciones liberan el poder de Dios en la vida de otro individuo. Se nos ha concedido el privilegio de interceder en oración a favor de nuestros seres queridos, y de llevar sus nombres y sus rostros ante la presencia de Dios. Como respuesta, él hará que todas las elecciones de suma importancia sean más claras que el agua para esa persona, y traerá influencias positivas a su vida para aumentar al máximo las probabilidades de que haga lo que debe hacer. Más allá de eso, Dios no irá.

Es verdad que al hablar de esto nos hemos metido en aguas teológicas profundas. ¿Quién sabe exactamente cómo responde Dios a la oración intercesora, y como trata él con un corazón rebelde? ¿Cómo puedo explicar las oraciones de mi bisabuelo (por parte de mi madre), quien murió el año antes de yo nacer? Este maravilloso hombre de Dios, G. W. McCluskey, se encargó de orar específicamente por el bienestar espiritual de su familia, todos los días durante la hora de once a doce de la mañana. Le pedía al Señor no sólo por aquellos seres queridos que vivían en ese tiempo, sino también por las generaciones que aún no habían nacido. Este buen hombre le hablaba a Dios acerca de mi, aun antes que yo fuera concebido.

Cuando se acercaba al final de su vida, mi bisabuelo hizo un anuncio sorprendente. Dijo que Dios le había prometido que todos los miembros de cuatro generaciones, tanto de los que ya vivían como de los que aún no habían nacido, serían creyentes. Bueno, yo represento a la cuarta generación después de la de él, y todo ha resultado ser más interesante de lo que tal vez él se imaginó.

El matrimonio McCluskey tuvo dos hijas, una de ellas fue mi abuela y la otra fue mi tía abuela. Ambas crecieron dentro de la denominación de sus padres y se casaron con ministros de la misma. Entre estas mujeres tuvieron cinco hijas y un hijo. Una de las hijas fue mi madre. Las cinco muchachas se casaron con ministros de la denominación de su abuelo, y el muchacho llegó a ser ministro. Así llegó mi generación. Mi primo H. B. London y yo fuimos los primeros en graduarnos de la universidad; y vivimos juntos durante el tiempo de nuestros estudios universitarios. Cuando comenzó nuestro segundo año de estar en la universidad, él anunció que Dios le estaba llamando a predicar. ¡Y puedo asegurarle a usted que yo empecé a ponerme muy nervioso acerca de esa tradición familiar!

Nunca sentí que Dios me estaba pidiendo que fuera un ministro, así que estudié en la escuela para graduados y me hice sicólogo. Y, sin embargo, he pasado mi vida profesional hablando, enseñando y escribiendo acerca de la importancia de mi fe en Jesucristo. A veces, mientras estoy sentado en una plataforma esperando para hablar en una iglesia llena de cristianos, me pregunto si mi bisabuelo estará sonriéndome desde algún lugar. Sus oraciones han sido contestadas a través de cuatro generaciones, para influir en lo que yo estoy haciendo hoy con mi vida.

¿Qué nos dice esto acerca del libre albedrío y el derecho a escoger? No tengo la menor idea. Sólo sé que Dios honra las oraciones de sus fieles seguidores, y nosotros deberíamos permanecer postrados ante él en oración hasta que a cada uno de nuestros hijos se le haya dado toda oportunidad de arrepentirse. Sin embargo, debemos recordar que Dios no va a imponer su voluntad sobre la de ninguna persona. El trata a todos respetuosamente, y busca atraerles a él. Por lo tanto, es un error que le echemos la culpa a Dios si ese proceso tarda años en cumplirse, o incluso si jamás llega a ocurrir. Ese es el precio de la libertad.

P2. Su respuesta da a entender que debemos continuar orando por nuestra hija, año tras año, hasta que ella regrese a su fe. ¿Quiere decir eso que Dios no se ofenderá por que repetidas veces le pidamos lo mismo? ¿Es eso lo que él quiere que hagamos por ella?

R2. Sí. Si indudablemente lo que ustedes le están pidiendo está de acuerdo con la voluntad de Dios, tal como orar por la salvación de su hija, creo que deben seguir llevando el asunto ante su presencia hasta que reciban la respuesta. Hay una continua batalla espiritual por el alma de ella, y sus oraciones son imprescindibles para poder ganar esa lucha. Pablo nos exhorta a que oremos sin cesar (1 Tesalonicenses 5:17). No es eso lo que Jesús estaba enseñando en la parábola del juez injusto? Leámosla en el Evangelio de Lucas:

> También les refirió Jesús una parábola sobre la necesidad de orar siempre, y no desmayar, diciendo: Había en una ciudad un juez, que ni temía a Dios, ni respetaba a hombre. Había también en aquella ciudad una viuda, la cual venía a él, diciendo: Hazme justicia de mi adversario. Y él no quiso por algún tiempo; pero después de esto dijo dentro de sí: Aunque ni temo a Dios, ni tengo respeto a hombre, sin embargo, porque esta viuda me es molesta, le haré justicia, no sea que viniendo de continuo, me agote la paciencia. Y dijo el Señor: Oíd lo que dijo el juez injusto. ¿Y

acaso Dios no hará justicia a sus escogidos, que claman a él día y noche? ¿Se tardará en responderles? Os digo que pronto les hará justicia. Pero cuando venga el Hijo del Hombre, ¿hallará fe en la tierra?

Me gusta mucho este pasaje de la Biblia porque nos dice que Dios no se enoja por nuestra persistencia en la oración. El nos anima a que no nos demos por vencidos, sino que bombardeemos el cielo con los deseos de nuestros corazones. Eso me alienta lo suficiente como para continuar orando toda la vida.

Hace unos momentos relaté la historia acerca de mi bisabuelo por parte de mi madre. Con el permiso de usted, déjeme contar un acontecimiento que ocurrió en la vida de Juanita Dobson, mi abuela por el lado paterno. Ella comprendió lo que significa orar sin cesar, aun cuando había poca evidencia que la animara a hacerlo. Ella era una cristiana totalmente entregada al Señor, que estaba casada con un hombre independiente e incrédulo. Como él era un hombre decente y moral, no veía ninguna necesidad de tener una relación personal con Jesucristo. Ese hecho casi fue la causa de su condenación.

A él no le importaba que su esposa fuera a la iglesia e hiciera todas las demás cosas relacionadas con su religión, pero no quería tener nada que ver en ello. Sobre todo, se enojaba si alguien trataba de empujarlo para que se hiciera creyente. Había cerrado la puerta por completo. En vez de insistentemente tratar de incitar a su esposo para que se entregara a Cristo, Juanita comenzó una campaña de oración por él, que continuó durante varias décadas. ¡Durante años, ayunó regularmente por su salvación, a pesar de no ver ninguna evidencia de que Dios estaba oyendo sus oraciones!

Todavía el corazón de mi abuelo permanecía duro y frío. Pero cuando tenía sesenta y nueve años de edad, sufrió una serie de ataques de apoplejía, que lo dejaron parcialmente paralizado. El había sido un hombre muy fuerte, era un conductor de ferrocarril que medía casi dos metros de estatura, y que jamás había estado enfermo ni siquiera un día durante su vida. Verse permanentemente incapacitado fue algo que lo hundió en la tristeza. Una tarde su hija estaba atendiendo a sus necesidades y preparando su medicina, y a medida que se inclinaba para enderezar su cama, se dio cuenta de que él estaba llorando. Nadie recordaba haber visto jamás a este hombre orgulloso, que había triunfado en la vida por su propio esfuerzo, derramar ni una lágrima. Eso la conmovió profundamente, y entonces ella le preguntó:

—Papá, ¿qué te pasa?

El contestó:

—Mi amor, ve y trae a tu mamá.

Mi abuelita subió corriendo las escaleras y se arrodilló junto a la cama de su esposo. El agarró su mano, y le dijo:

—Sé que voy a morir, y no le tengo miedo a la muerte. Pero todo está tan oscuro. ¿Quieres orar por mí?

Mi abuela le dijo:

—¿Qué si quiero *orar*?

¡Durante más de cuarenta años había estado esperando que él le hiciera esa pregunta! Entonces, ella comenzó a clamar a Dios por su esposo; y allí, en su lecho de enfermo, él aceptó a Jesucristo como su Salvador. Mi abuela dijo que fue como si una multitud de ángeles hubiera empezado a cantar en su corazón. Mi abuelo murió dos semanas más tarde, con una palabra de testimonio en su boca. Estoy seguro de que él y mi abuela están hoy en el cielo debido a la perseverancia de la fe de ella.

Durante la Segunda Guerra Mundial, Winston Churchill dijo: "Nunca se rindan. Nunca, nunca, nunca se rindan". Ese consejo no sólo es aplicable a las naciones que están sitiadas por el enemigo, sino también a los creyentes que buscan que el Omnipotente toque sus vidas. Voy a repetirlo: Madres y padres, su principal prioridad es guiar a sus hijos al rebaño. No dejen de orar hasta alcanzar esa meta.

P3. Usted ha escrito acerca del orgullo y de la ofensa que éste es para Dios. No comprendo totalmente qué es lo que eso quiere decir. ¿No debería sentirse orgullosa la humanidad de nuestros logros y descubrimientos? No admira usted todo lo que la ciencia moderna, la medicina y las artes han logrado? ¿Qué tiene de malo que sintamos un poco de satisfacción y confianza en nosotros mismos? ¿Quiere Dios, si es que existe, que nos arrastremos delante de él como mendigos?

R3. Cuando era profesor en la facultad de medicina de una universidad grande, me quedé maravillado al ver los milagros logrados por medio de las investigaciones científicas. Estoy agradecido de que vivimos en una época en la que enormes conocimientos están a la disposición de cualquier persona que pueda ir a una biblioteca pública. Por seguro, estos son tiempos extraordinarios, y tenemos razones para sentirnos bien acerca de los esfuerzos que se están haciendo para reducir el sufrimiento humano y para que todos podamos llevar una vida mejor. No hay nada en cuanto al progreso, por sí mismo, que sea ofensivo a Dios.

Pero existe algo intrínsecamente malo acerca del concepto predominante de que los seres humanos ya no tenemos necesidad de un dios, que solos podemos arreglárnoslas muy bien; gracias.

Aun más detestable es la filosofía de la Nueva Era, que les concede a los simples mortales un nivel divino. Sus seguidores adoran la mente humana, como si de alguna manera la pequeña masa gris arrugada que tenemos dentro de la cabeza se hubiera creado a sí misma de la nada. Las reproducciones exactas de Shirley McLaine proclaman maravillados: "Sólo utilizamos cinco por ciento de nuestros cerebros. Imagínense lo que sería posible si pudiéramos desarrollar todo nuestro potencial". Estoy completamente a favor de la educación, pero este maravilloso punto de vista del "potencial humano" no es nada más que una tontería. Si fuera posible utilizar noventa y cinco por ciento más de nuestra capacidad intelectual, alguna persona brillante, de entre los cinco mil millones que ahora viven en el mundo, habría descubierto una manera de hacerlo. Y aunque eso llegara a ocurrir, aún nuestras mentes seguirían siendo insignificantes al compararlas con la sabiduría y la omnipotencia del Todopoderoso.

Al hablar de esto, la palabra *arrogancia* viene a la mente. Aunque existimos por la misericordia de un Señor amoroso, sistemáticamente la humanidad está buscando derrocarle de su puesto de autoridad moral del universo. Hemos desechado sus mandamientos y los hemos reemplazado con nuestras ridículas ideas. El humanismo secular ha llegado a la conclusión de que no existen verdades eternas, valores morales trascendentes, ni nada que hagamos que sea esencialmente bueno o malo. Lo que parece bueno en cierto momento, *es* bueno. Las encuestas de la opinión pública determinan la moralidad, como si de alguna manera la encuesta de nuestra ignorancia pudiera producir la verdad. En este proceso, hemos olvidado la fe de nuestros antepasados que amorosamente nos fue transmitida y encargada a nuestro cuidado.

Desde luego, la arrogancia no es un fenómeno nuevo en nuestra sociedad. Jesús nos relató la historia de un granjero rico que no tenía necesidad de Dios. Tenía su vida muy bien trazada. Ese año había tenido una cosecha tan abundante que ni siquiera podía almacenarla por completo. En un mundo lleno de sufrimiento y de hambre, ése era su mayor problema.

> Y dijo: Esto haré: derribaré mis graneros, y los edificaré mayores, y allí guardaré todos mis frutos y mis bienes; y diré a mi alma: Alma, muchos bienes tienes guardados para muchos años; repósate, come, bebe, regocíjate. Pero Dios le dijo: Necio, esta noche vienen a pedirte tu alma; y lo que has provisto, ¿de quién será?" (Lucas 12:18-20).

Ese granjero rico, que se sentía satisfecho con su autosuficiencia, nos recuerda a las superestrellas y los hombres milagrosos de hoy en día. Dé una mirada a cualquier número de la revista *People [Gente]*, y sentirá el aroma del orgullo humano que sale de sus páginas. Por ejemplo, cuando pienso de la arrogancia y el desprecio hacia Dios, me acuerdo de John Lennon, la difunta estrella de la música rock. El y sus compañeros del grupo los *Beatles* se rebelaron contra todo lo que es santo y limpio. Estuvieron involucrados en las orgías homosexuales y heterosexuales más perversas, y popularizaron el uso de la marihuana y de las drogas duras entre una generación de jóvenes. Aún estamos sufriendo las consecuencias de esa plaga. Algunas de sus composiciones musicales, con todo lo melodiosas y bien interpretadas que eran, reflejaban esta decadencia, y prepararon el camino para los excesos diabólicos de la industria de música rock, que ocurren actualmente.

También Lennon fue un ateo que no tenía pelos en la lengua. Una de sus composiciones más famosas es una canción titulada "Imagínate", en la que se presenta la idea de un mundo libre de la religión que hace estragos en la humanidad. Sin duda, Lennon pensaba que el patriotismo y la creencia en Dios eran responsables por las guerras y otros males sociales. En 1966, él dijo lo siguiente:

> El cristianismo desaparecerá. Se reducirá a nada. No necesito discutir acerca de esto. Yo tengo la razón, y el tiempo comprobará la veracidad de mis palabras. Ahora gozamos de más popularidad que Jesús. No sé qué desaparecerá primero, si será el *rock and roll* o el cristianismo. Jesús era buena persona, pero sus discípulos eran hombres torpes y comunes. Es su manera de torcer las enseñanzas de Jesús lo que echó a perder el cristianismo para mí.[2]

Lo que sucedió es que Lennon fue el que desapareció, murió en 1980 asesinado por un sicópata que le dio cinco balazos en una de las calles de Nueva York. La paga del pecado de John fue la muerte. Ahora debe

---

2. *Time*, 12 de agosto de 1966, p. 38.

enfrentarse con aquel que dijo: "Mía es la venganza, yo pagaré, dice el Señor" (Romanos 12:19).

Cualquier ser humano es un tonto, a pesar de su inteligencia o lo que haya logrado en esta vida, si no tiene en cuenta al Dios del universo. Es así de sencillo.

P4. Tratando de comprender por qué Dios hace lo que hace, me he hecho preguntas acerca del mundo de los espíritus, que se menciona en la Biblia. ¿Cree usted que de verdad existe esa clase de mundo espiritual?

R4. Sí lo creo, aunque no pretendo comprenderlo. Sólo sé que la Biblia habla de una guerra espiritual que ocurre en una dimensión más allá de la percepción del ser humano. Durante este período de nuestra historia, no se nos ha permitido comprender totalmente esta lucha. Sin embargo, en la Biblia podemos ver muy claramente tanto su existencia como su importancia.

Podemos tener una idea del mundo invisible de los espíritus por medio de Daniel, según él lo vio hace unos quinientos años antes del nacimiento de Cristo. Este inteligente joven sólo tenía dieciséis años de edad cuando los babilonios conquistaron Jerusalén y lo llevaron deportado a Babilonia, junto con sus compatriotas que también sobrevivieron. Allí llegó a ocupar una posición de importancia política, y muy pronto se convirtió en la voz profética de Dios para su pueblo.

Algunos años más tarde, Daniel tuvo una visión aterradora, en la cual le visitó un mensajero celestial. Muchos maestros bíblicos creen que ese visitante fue Cristo. En los primeros versículos del relato hecho por Daniel, se encuentra un fascinante vislumbre del mundo espiritual que no podemos ver con nuestros ojos y del conflicto entre el bien y el mal que ocurre allí:

Alcé los ojos y miré, y he aquí, había un hombre vestido de lino, cuya cintura estaba ceñida con un cinturón de oro puro de Ufaz. Su cuerpo era como de berilo, su rostro tenía la apariencia de un relámpago, sus ojos eran como antorchas de fuego, sus brazos y pies como el brillo del bronce bruñido, y el sonido de sus palabras como el estruendo de una multitud. Y sólo yo, Daniel, vi la visión; los hombres que estaban conmigo no vieron la visión, pero un gran terror cayó sobre ellos y huyeron a esconderse. Me quedé solo viendo esta gran visión; no me quedaron fuerzas, y mi rostro se demudó, desfigurándose, sin retener yo fuerza alguna. Pero oí el sonido de sus palabras, y al oír el sonido de sus palabras, caí en un sueño profundo sobre mi rostro, con mi rostro en tierra. Entonces, he aquí, una mano me tocó, y me hizo temblar sobre mis rodillas y sobre las palmas de mis manos. Y me dijo: Daniel, hombre muy estimado, entiende las palabras que te voy a decir y ponte en pie, porque ahora he sido enviado a ti. Cuando él me dijo estas palabras, me puse en pie temblando. Entonces me dijo: No temas, Daniel, porque desde el primer día en que te propusiste en tu corazón entender y humillarte delante de tu Dios, fueron oídas tus palabras, y a causa de tus palabras he venido. Mas el príncipe del reino de Persia se me opuso por veintiún días, pero he aquí, Miguel, uno de los primeros príncipes, vino en mi ayuda, ya que yo había sido dejado allí con los reyes de Persia. (Daniel 10:5-13, LBLA).

En este relato hay varios elementos fascinantes y angustiosos. En primer lugar, es sorprendente que un hombre de la categoría de Daniel (que era "muy estimado" delante de los ojos de Dios) no recibiera una respuesta instantánea a su oración. Tuvo que esperar tres semanas antes que la respuesta del Señor llegara. Lo más interesante de todo es la razón de la demora. Aunque la oración de Daniel fue contestada inmediatamente, el "mensajero" tardó veintiún días para poder quitar de en medio a los seres satánicos que estaban tratando de impedirle el paso. Si realmente Jesucristo fue ese visitante, ¿qué nos dice eso acerca del poder temporal de las fuerzas del mal?

Finalmente, desearía que pudiéramos entender más acerca del conflicto espiritual insinuado por el mensajero. Después, en su conversación con Daniel, él dijo: "Ahora vuelvo para luchar contra el príncipe de Persia, y cuando yo termine, he aquí, el príncipe de Grecia vendrá" (v. 20, LBLA). El significado de estos versículos es sorprendente. Se nos presenta el cuadro de toda la tierra dividida en territorios y jurisdicciones dirigidas por seres poderosos, cuya misión es oponerse a la voluntad de Dios. Tal vez haya un demonio de alto rango asignado a cada iglesia y cada universidad cristiana, como sugiere Frank Peretti en su libro: *Esta patente oscuridad*.

Si esto parece exagerado, piense en la advertencia que Pablo nos ha hecho acerca de nuestro enemigo. El escribió: "Porque no tenemos lucha contra sangre y carne, sino contra principados, contra potestades, contra los gobernadores de las tinieblas de este siglo, contra huestes espirituales de maldad en las regiones celestes" (Efesios 6:12).

¿Cómo podemos prevalecer espiritualmente contra un enemigo tan peligroso y poderoso? No podemos hacerlo en nuestras propias fuerzas, pero gracias al Señor, él sí puede. La Biblia nos asegura que "mayor es el que está en vosotros, que el que está en el mundo" (1 Juan 4:4). Además, en otros pasajes pertinentes de las Escrituras encontramos palabras alentadoras. Examinemos uno de los que nos animan más.

Anteriormente hablamos de Elías, a quien Dios lo envió a esconderse en el arroyo de Querit. Ahora, observemos a Eliseo, el sucesor de Elías, según se nos relata en el capítulo 6 del Segundo Libro de Reyes. El malvado rey de Siria odiaba a Eliseo, y supo que estaba viviendo en Dotán. Una noche, envió un gran ejército con muchos caballos y carros de guerra para capturar al profeta. Los soldados acamparon alrededor de la ciudad hasta el amanecer, sabiendo que tenían atrapado a su enemigo. A la mañana siguiente, el criado de Elías se levantó temprano y vio a aquel ejército que estaba colocado en orden de batalla contra ellos. Entonces fue corriendo hasta donde estaba el profeta, y lleno de ansiedad le dijo: "¡Ah, señor mío! ¿qué haremos?" (v. 15).

El gran hombre de Dios, respondió: "No tengas miedo, porque más son los que están con nosotros que los que están con ellos" (v. 16).

Su criado debe de haberse quedado perplejo, porque solamente ellos dos estaban allí de pie. Luego Eliseo le pidió al Señor que abriera los ojos del joven, y de pronto éste vio que las montañas alrededor de ellos estaban llenas de caballos y de carros de fuego. Había todo un ejército de seres celestiales esperando para luchar por el Señor.

¡Cuán emocionante es saber que hay guerreros invisibles a nuestro alrededor en los momentos de ataques satánicos! ¿Sigue siendo esto cierto hoy en día? Bueno, en el Salmo 34:7 se nos dice: "El ángel de Jehová acampa alrededor de los que le temen, y los defiende". En el Salmo 91:11 leemos: "Pues a sus ángeles mandará acerca de ti, que te guarden en todos tus caminos". Y Hebreos 12:11 nos asegura que estamos rodeados de una "grande nube de testigos". En realidad, es alentador el saber que no estamos solos, incluso cuando estamos en medio de una batalla espiritual. Además, debemos recordar que todos los ángeles, inclusive los que nos ayudan en nuestras necesidades, estuvieron involucrados en una guerra celestial antes del principio de la creación. No se nos dan los detalles de ese conflicto, pero podemos comprender que Satanás y sus demonios fueron derrotados por Dios y sus ángeles. Por lo tanto, Es lógico el suponer que los seres angelicales que acampan a nuestro alrededor son expertos en la lucha contra las fuerzas del mal. Y si ellos necesitaran ayuda, pueden apelar a aquel de quien la Biblia dice: "Si Dios es por nosotros, ¿quién contra nosotros?" (Romanos 8:31).

P.5 ¿De qué manera cree usted que el mundo espiritual, invisible, influye en las actividades diarias de nosotros los cristianos?

R5. No lo sé, pero eso es motivo para teorías muy interesantes. Permítame relatarle una experiencia personal, sólo con el propósito de considerar las posibilidades. Hace algunos años, estuve muy ocupado realizando una investigación en la que cada año me veía obligado a visitar dieciséis centros médicos importantes. En uno de esos viajes tuve que ir a la ciudad de Nueva York, donde después de cumplir con mis responsabilidades en un hospital, tome unas horas para ir a ver algunos lugares de interés. Dos compañeros fueron conmigo en un viaje turístico improvisado de la ciudad. Era un día muy agradable, y conversamos amigablemente a medida que íbamos de un lugar a otro en el tren subterráneo.

De repente, uno de mis colegas dijo: "¡Oigan! Miren a aquel tipo raro que está allá de pie sobre la plataforma. ¿No estaba con nosotros en los dos últimos trenes?"

Todos recordamos que, sin lugar a dudas, aquel hombre había estado cerca de nosotros, por lo menos, durante media hora. Ahora estaba observándonos atentamente desde unos nueve metros de distancia. Antes que pudiéramos comprender que era lo que estaba haciendo, nos dimos cuenta de que nuestro próximo tren había llegado a la estación. Subimos al tren en el último momento, y las puertas se cerraron rápidamente detrás de nosotros. El tipo mugriento corrió hacia nosotros, pero llegó demasiado tarde, y se enfureció cuando no pudo lograr que las puertas automáticas se abrieran. Se agarró de uno de los pasamanos del lado del tren, gritándonos obscenidades y amenazas. Entonces tuvo que soltarse a medida que la velocidad aumentó. La última vez que lo vi, estaba agitando los brazos y gritándonos insultos mientras el tren salía de la estación.

Mis amigos y yo nos pusimos a hablar de la manera increíble en que aquel hombre se había comportado, y nos preguntamos cuáles serían sus intenciones. ¿Qué estaría planeando hacer? ¿Nos habríamos librado de algún acto de violencia, al habernos subido al tren? ¿Quién sabe? De lo único que podemos estar seguros es que ese hombre nos había escogido para darnos alguna sorpresa, que probablemente habría sido bastante desagradable. Tal vez, evitamos una experiencia que habría puesto en peligro nuestras vidas, por medio de algo que pareció ser una simple coincidencia.

Por supuesto, es posible que el Señor intervino específicamente para protegernos en el tren subterráneo. Estábamos totalmente desprevenidos y expuestos a los planes secretos de ese hombre que quizás era un sicópata, o drogadicto o asesino. Sólo el pensar en lo que pudiera haber ocurrido, nos plantea una importante pregunta: ¿cuántas veces tal vez hemos sido librados de consecuencias peligrosas, de las cuales jamás nos dimos cuenta? Esta es una idea muy interesante. ¿Quién puede saber cuán a menudo el Señor nos protege o nos guía silenciosamente por un camino más seguro?

Hay otras ocasiones en las que casi parece que todo ha sido predeterminado para que tengamos una tragedia. Recuerdo una tarde cuando regresaba de mi trabajo a casa, y vi un terrible accidente automovilístico en una de las autopistas de Los Angeles. El primer auto chocó con la división del centro, cruzando hasta el otro lado de la autopista, y chocando luego con uno de los autos que venía de frente. Los dos choferes murieron instantáneamente. A menudo he pensado en la increíble coordinación que fue necesaria para causar ese accidente. Si los dos hombres iban a cien kilómetros por hora, se estaban acercando uno al otro a una velocidad combinada de doscientos kilómetros por hora. Si lo calculamos de otra manera, podemos decir que sus autos estaban aproximándose para encontrarse uno con el otro, a razón de 53,6 metros por segundo. Si el hombre que estaba en el primer auto se hubiera adelantado por una décima de segundo, probablemente el chofer del segundo auto habría pasado el lugar del choque antes del momento en que ocurrió el accidente. Es casi seguro que el auto que venía detrás del segundo chofer habría sido el involucrado en el choque. Cuando pensamos en esto, llegamos a la conclusión de que el cambio más mínimo en lo que cualquiera de los dos hombres hizo ese día habría servido para salvar la vida del segundo de ellos. De esta manera, podemos ver que la mayoría de los accidentes fatales dependen de una coordinación de solamente una fracción de segundo.

Verdaderamente, nuestras vidas están pendientes de un hilo, aun cuando no nos damos cuenta de algún peligro en particular. ¿No parece que es sabio, teniendo en cuenta lo que está en juego, que continuamente oremos por cada día y cada una de nuestras actividades? Santiago habló del carácter incierto de esta vida, cuando dijo:

> ¡Vamos ahora! los que decís: Hoy y mañana iremos a tal ciudad, y estaremos allá un año, y traficaremos, y ganaremos; cuando no sabéis lo que será mañana. Porque ¿qué es vuestra vida? Ciertamente es neblina que se aparece por un poco de tiempo, y luego se desvanece. En lugar de lo cual deberíais decir: Si el Señor quiere, viviremos y haremos esto o aquello (Santiago 4:13-15).

Lo esencial es que nuestro bienestar, en medio de toda la confusión de la vida, es influenciado por fuerzas que están fuera del alcance de nuestra inteligencia. Estamos atrapados en una lucha entre el bien y el mal, que desempeña un papel importante, aunque indeterminado, en nuestras vidas. Entonces, nuestra tarea no es descifrar exactamente cómo deben encajar en su lugar las piezas del rompecabezas, y cuál es todo su significado, sino permanecer fieles y obedientes al Señor, quien es el único que conoce todos los misterios.

11

Más allá de la barrera de la traición

A hora llegamos a nuestros últimos comentarios acerca de este importante tema: cuando lo que Dios hace no tiene sentido. Nuestro mensaje se reduce a este sencillo concepto: no hay nada que el Señor desea más de nosotros que el que pongamos en práctica nuestra fe. Dios no hará nada que la destruya, y nosotros no podemos agradarle a él sin ella. Para definir este término otra vez, diré que la *fe* es creer en aquello de lo cual no tenemos una prueba absoluta (Hebreos 11:1). Es mantenernos firmes cuando la evidencia nos está diciendo que nos demos por vencido. Es decidir confiar en él cuando no ha respondido todas las preguntas y ni siquiera nos ha prometido una vida libre de sufrimientos.

No hay un ejemplo mejor de esta clase de fidelidad, que el que vemos en la segunda parte del capítulo 11 de la Epístola a los Hebreos. A este pasaje de la Biblia, al cual nos referimos anteriormente, se le ha llamado la "galería de héroes ilustres", y tiene mucho que ver con el tópico que estamos considerando. Ahí se describe los hombres y las mujeres que perseveraron en su fe bajo las circunstancias más extremas. Estuvieron sujetos a toda clase de penalidades y peligros por causa de su fe en Jesucristo. Algunos fueron torturados, encarcelados, azotados, apedreados, aserrados por la mitad y muertos a filo de espada. Se vieron desamparados, maltratados, perseguidos y muy mal vestidos. Anduvieron errantes por los desiertos, por los montes, por las cuevas y por las cavernas de la tierra. Y lo más importante de todo, en relación con nuestro tema, es que murieron sin haber recibido lo que les había sido prometido. En otras palabras, se mantuvieron firmes en su fe hasta la muerte, aunque Dios no les había explicado lo que él estaba haciendo (Hebreos 11:35-40).

Sin quitar mérito al carácter sagrado de esos versículos de la Biblia, me gustaría presentar para la inspiración de usted, mi propia "galería de héroes ilustres". Entre los nombres de estos gigantes de la fe, que tengo en mi lista, están los de algunos seres humanos increíbles, quienes deben ocupar un lugar especial en el corazón de Dios.

Al comienzo de la lista se encuentran algunos de los niños y las niñas que conocí durante mis catorce años como miembro del personal del Hospital Infantil de Los Angeles. La mayoría de ellos padecían de enfermedades mortales, aunque otros tenían dolencias crónicas que habían alterado y trastornado su infancia. Algunos tenían menos de diez años de edad, y sin embargo, su fe en Jesucristo era inquebrantable. Murieron testificando con sus bocas de la bondad de Dios, mientras sus pequeños cuerpos se consumían. Qué recepción deben haber tenido cuando llegaron ante la presencia de aquel que dijo: "Dejad a los niños venir a mí" (Marcos 10:14).

En mi primera serie de películas, titulada: Focus on the Family (Enfoque a la Familia), relaté la historia de un niño afroamericano, que tenía cinco años de edad, al cual nunca lo olvidarán todos los que le conocieron.

Una enfermera, junto con la que trabajé, llamada Gracie Schaeffler, había cuidado a este pequeñito durante los últimos días de su vida. Estaba muriendo de cáncer del pulmón, la cual es una enfermedad aterradora durante sus últimas etapas. Los pulmones se llenan de líquido, y el paciente no puede respirar. Es terriblemente claustrofóbico, especialmente para un niño pequeño.

Este niñito tenía una madre cristiana que lo amaba y que permaneció a su lado a través de toda esa larga experiencia horrorosa. Lo mecía sobre sus piernas y le hablaba dulcemente del Señor. Instintivamente, estaba preparando a su hijo para las últimas horas de su vida. Gracie me dijo que un día, cuando la muerte estaba ya muy cerca, entró en la habitación, y oyó al muchachito hablando acerca de que oía sonar las campanas.

—Las campanas están sonando, mamá —dijo—. Puedo oírlas.

Gracie pensó que estaba teniendo una alucinación, porque le quedaba muy poco tiempo de vida. Ella salió de la habitación, y cuando regresó unos pocos minutos después, lo oyó hablando otra vez acerca de las campanas que oía sonar.

Más tarde, la enfermera le dijo a la madre del pequeñito:

—Estoy segura de que usted sabe que su bebé está oyendo sonidos que no existen. Esta teniendo alucinaciones por causa de su enfermedad.

La madre acercó a su hijo a su pecho, sonrió, y dijo:

—No, señorita Schaeffler. El no está teniendo alucinaciones. Yo le dije que cuando no pudiera respirar, si prestaba atención podría escuchar las campanas del cielo que sonarían para él. Es de eso de lo que ha estado hablando todo el día.

Más tarde, ese mismo día por la noche, aquel precioso niño murió en el regazo de su madre, y todavía estaba hablando de las campanas del cielo cuando los ángeles vinieron por él. Qué pequeño soldado tan valiente era él. Su valor no fue reportado en los periódicos del día siguiente. Tampoco ningún periodista famoso relató su historia en las noticias nocturnas de la televisión. Sin embargo, para siempre él y su madre ocuparán un lugar en nuestra "galería de héroes ilustres".

Mi próximo candidato para ocupar un lugar entre aquellos que deben ser recordados para siempre por causa de su fidelidad es un hombre al que nunca conocí, aunque influyó en mi vida mientras estaba perdiendo la suya. Supe de él por medio de un documental dramático que vi en la televisión hace algunos años. El productor había obtenido el permiso de un especialista en cáncer para colocar cámaras en su clínica. Luego, con la aprobación de tres pacientes: dos hombres y una mujer, filmó el momento en que cada uno de ellos se enteró de que tenían un tumor maligno en sus últimas etapas. Su primera reacción de sobresalto, incredulidad, temor y enojo, fueron grabadas detalladamente. Más tarde, el equipo encargado de producir el documental siguió a estas tres familias a través del proceso de tratamiento con sus altibajos, esperanzas y desilusiones, dolor y terror. Permanecí sentado sin moverme, mientras el drama de vida y muerte se desarrollaba en la pantalla. Finalmente, los tres pacientes murieron, y el programa terminó sin ningún comentario o editorial.

Hubo tanto que se debió decir. Lo que más me impresionó fueron las diferentes maneras en que esas personas se enfrentaron con sus aterradoras circunstancias. Los dos que al parecer no tenían fe, reaccionaron con enojo y amargura. No sólo lucharon contra la enfermedad, sino que parecía que estaban en guerra contra todo el mundo. Sus relaciones personales, y hasta sus matrimonios, fueron sacudidos, especialmente a medida que se acercaba el fin. Le advierto que no estoy criticándoles. La mayoría de nosotros reaccionaríamos de una manera bastante parecida si nos encontráramos frente a una muerte inminente. Pero esa fue la causa de que el tercer individuo fuera tan inspirador para mí.

El era un humilde pastor negro de una iglesia bautista en un barrio pobre de la ciudad. Tenía casi ochenta años, y había sido ministro durante toda su vida de adulto. Su amor por el Señor era tan profundo que se reflejaba en todo lo que decía. Cuando le dijeron a él y a su esposa que sólo le quedaban unos pocos meses de vida, no mostraron ningún pánico. Con tranquilidad le preguntaron al médico el significado de toda la situación. Cuando éste les había explicado el tratamiento y lo que podían esperar, cortésmente le dieron las gracias y se fueron. Las cámaras siguieron a esta pareja hasta su viejo automóvil y sin que ellos se dieran cuenta les filmaron mientras inclinaron sus cabezas y se entregaron nuevamente al Señor.

Durante los siguientes meses, ese pastor jamás perdió la serenidad, ni habló quitándole importancia a su enfermedad. No estaba negando la realidad. Sencillamente, había aceptado el cáncer y sus probables resultados. El sabía que el Señor estaba en control, y se negó a permitir que su fe se debilitara.

Las cámaras estaban presentes en su iglesia el último domingo que él habría de estar allí. Realmente, esa mañana predicó el sermón, y habló con toda franqueza acerca de su muerte inminente. Que yo recuerde, lo siguiente fue lo que él dijo:

"Algunos de ustedes me han preguntado si estoy enojado con Dios por causa de esta enfermedad que ha invadido mi cuerpo. Les digo sinceramente que en mi corazón sólo tengo amor hacia Dios. El no me hizo esto. Nosotros vivimos en un mundo pecaminoso en el que la enfermedad y la muerte son la maldición que el ser humano trajo sobre sí mismo. Y yo voy a ir a un lugar mejor, donde ya no habrá más llanto, ni dolor, ni aflicción. Así que no se sientan mal por mí".

"Además", continuó diciendo, "nuestro Señor sufrió y murió por nuestros pecados. ¿Por qué no debería de participar yo en su sufrimiento?" Entonces comenzó a cantar, sin ningún acompañamiento musical, con una voz débil y temblorosa:

¿Debe sólo Jesús la cruz llevar,
y el mundo entero libre verse?
No, para todos hay una cruz,
y una cruz para mí hay.
Cuán felices en el cielo los santos están,
después que mucho sufrieron aquí;
pero ahora amor puro y gozo sin
lágrimas saborean.
La consagrada cruz llevaré,
hasta que liberado por la muerte sea,
y entonces a mi hogar iré para mi corona llevar,
porque una corona para mí hay.

Lloré mientras este hombre tan dulce cantaba de su amor por Jesús. Su voz era muy débil, y su rostro estaba demacrado como resultado de los estragos hechos por la enfermedad. Pero sus comentarios fueron unos de los más poderosos de todos los que he escuchado en mi vida. Que yo sepa, sus palabras de esa mañana fueron las últimas que dijo desde el púlpito. Pocos días después, pasó a la eternidad, donde se encontró con el Señor, a quien había servido durante toda su vida. Este pastor, cuyo nombre no sabemos, y su esposa ocupan un lugar prominente entre mis héroes espirituales.

Quiero hablar de una persona más, que también tiene un lugar en mi galería de héroes ilustres de la fe. Es una mujer llamada Marian Benedict Manwell, la cual vive aún. La conocí por medio de una carta que me escribió en 1979, y jamás he olvidado lo que me dijo. He guardado esa carta durante todos estos años, y realmente, esta semana le hice una llamada telefónica. Me enteré de que aún esta agradable señora se mantiene firme en su fe en Jesucristo. Pero permítame compartirle lo que ella me dijo, hace tantos años, en esa primera carta.

Estimado doctor Dobson:

Voy a contarle mi experiencia como "patito feo". Fui la primera hija de un joven ministro y su esposa que era maestra. Cuando yo nací tenían aproximadamente treinta años de edad. (Ahora prepárese para lo que sigue.) Cuando tenía ocho meses de edad, de repente el grueso muelle de un asiento brincador, en el que yo estaba saltando, se rompió. Como el muelle estaba muy tirante, descendió violentamente, golpeando y rasgando lo primero que encontró en su camino, que fue la parte blanda de mi cabeza.

No había nada que hacer. Mis padres y mis tíos (con quienes estábamos de vacaciones) creyeron que estaba muerta. Finalmente encontraron un doctor que me llevó a un hospital a casi trece kilómetros de distancia, pero lo único que pudieron hacer fue limpiar y vendar la herida. No les dieron a mis padres ninguna esperanza de que yo sobreviviría aquel accidente.

Ellos eran personas devotas a Dios, y creían en la oración, al igual que todos nuestros familiares y amigos. Estoy viva gracias a la fe de ellos. Por la misericordia de Dios seguí con vida, aunque los doctores le dijeron a mi familia que yo quedaría irremediablemente inválida y mentalmente incapacitada. Eso no ocurrió, pero hubo muchos problemas.

Para comenzar diré que yo no era una niña hermosa. Era bastante fea, y también coja. Oh sí, podía caminar. El Señor se encargó de eso cuando me sanó de una parálisis total. También me bendijo con una mente despierta. Sin embargo, como usted ha dicho en algunos de sus libros, la gente busca la belleza física en los niños. Mi hermano menor tenía la belleza de la familia. Se parecía a nuestro padre: pelo de color castaño rojizo, ojos castaños, y era muy simpático. Yo no podía correr, saltar la cuerda, jugar a la pelota, o agarrar cualquier cosa que me lanzaran. Estaba inválida de mi lado izquierdo. Supongo que por eso me convertí en una persona a la que le gustaba estar sola. Desarrollé una imaginación que me permitía vivir una vida maravillosa por medio de los cientos de libros que leía y las fantasías que inventaba.

Cuando le dije a mi madre, quien murió de cáncer cuando yo tenía diez años, que yo quería ser enfermera y misionera, me dijo: "Eso es maravilloso". Ella sabía que debido a mis defectos yo nunca podría ser ninguna de las dos cosas. Dos años después de la muerte de mi madre, mi padre se volvió a casar y nos mudamos a otra ciudad pequeña. La situación se hizo aun más difícil para mí. Yo no era popular durante todos los años de escuela secundaria. Era la hija de un predicador, y mucho tiempo antes le había entregado mi corazón al Señor. Eso, agregado a mi personalidad introvertida, impidió que me involucrara con los grupos de la escuela de nuestra pequeña ciudad.

Un día, mientras caminaba con dificultad en dirección a la escuela, un adolescente se me acercó por detrás y me preguntó en voz alta: "¿Qué te pasa? ¿Por qué estás cojeando? Nadie quiere estar junto con una muchacha que camina así"

Fue muy difícil para mí el comprender que Cristo podía darme las fuerzas para mantenerme tranquila en una situación como ésa.

Permítame interrumpir brevemente la carta de la señora Manwell, para resumir las circunstancias que ella nos ha relatado. Desde la infancia tuvo deficiencias neurológicas que le impidieron jugar como otros niños. La reacción de los demás muchachos la forzaron a satisfacer sus necesidades sociales por medio de sus fantasías. Ella mencionó, casi sin darle importancia, la muerte de una madre muy sensible y comprensiva cuando tenía diez años, y la llegada de una madrastra al comienzo de su adolescencia. Agreguemos a eso las burlas de aquellos del sexo opuesto, cuando era adolescente, y más rechazo porque era hija de un predicador. Aquí tenemos los ingredientes para producir un daño sicológico permanente en la mayoría de los niños. Pero esta no era una joven común y corriente.

Regresemos a su carta para ver qué es lo que el Señor ha hecho en su vida:

> Más tarde, me casé con un joven que fue compañero mío en la escuela, ¡y el Señor me ha bendecido dándome seis hijos y dos hijas! Todos ellos se han casado con cristianos maravillosos. Durante casi cuarenta años, mi esposo me ha protegido en ocasiones cuando imprudentemente yo habría tratado de abarcar más de lo podía apretar. El me ha impartido la confianza que necesitaba para usar la imaginación que desarrollé cuando era niña (para escribir poesías y breves historias).

> Produce tanta satisfacción el ver que nuestros hijos han llegado a ser miembros de sus comunidades respetados por los demás, y que cuidan de sus familias con verdadero interés en su bienestar. Hace dos o tres años, mi hija mayor vino a casa después de haber visitado a una amiga que había estado con ella en la misma escuela, y me dijo que se había quedado sorprendida al enterarse de que muchos de sus antiguos compañeros de clase habían fracasado en la vida: estaban usando drogas o bebían con exceso. Otros se habían divorciado o tenían hijos sin haberse casado; y algunos estaban en la cárcel.

Mi hija dijo: "Cuando veo a nuestra familia grande, que frecuentemente no tenía ninguna de las cosas buenas de esta vida, y sin embargo, cada uno de sus miembros es un ciudadano muy formal y respetuoso de la ley, me doy cuenta de que hay tantas cosas por las que tengo que estar agradecida. Creo que tú debes de haber orado mucho por nosotros".

Cuando me dijo eso, lloré. Ese es el aspecto de la labor de criar a los hijos que me ha producido más satisfacción. Gracias por permitirme tomar tanto de su tiempo, doctor Dobson, y que Dios le bendiga.

Marian Benedict Manwell

Muchas gracias, Marian, por mostrarnos su fidelidad. Muy fácilmente usted podría haber culpado a Dios por haber hecho que su vida fuese tan difícil. Estoy seguro de que, aun cuando usted era una niña, comprendió que él pudo haber impedido que ese muelle se rompiera, o haberlo cambiado de dirección para que no la hubiera golpeado en la cabeza. Tampoco tenía que haberse llevado a su madre cuando usted la necesitaba tanto. El pudo haberla hecho linda, o popular, o atlética. Teniendo en cuenta sus limitaciones, hubiera sido razonable que usted estuviera disgustada con el Señor. En verdad, todo parecía estar en contra suya, pero en su carta no hay ninguna señal de enojo o desilusión. Y a medida que 'describe su difícil situación, tampoco se percibe que usted tenga lástima de sí misma. En cambio, usted dice: "Mucho tiempo antes le había entregado mi corazón al Señor".

La admiro mucho, Marian Benedict Manwell. Y también el Señor debe sentir admiración por usted. Aunque al comienzo parecía que no tenía interés en usted, estaba obrando silenciosamente, sin ser visto, con el propósito de enviarle un esposo cristiano que la amara y la protegiera. Luego la bendijo con ocho hijos, que ahora que ya han crecido están sirviéndole a él. ¡Qué culminación para una vida de fe! Si usted hubiera cedido a la amargura por causa de su impedimento, sin duda sus hijos e hijas se habrían dado cuenta de ello. Probablemente, algunos de ellos habrían adoptado la misma actitud. Gracias por haberse mantenido firme en su fe, ¡aun cuando lo que Dios hizo, acerca de los asuntos relacionados con su vida, no tenía sentido! Usted es también un miembro muy apreciado de mi galería de héroes ilustres de la fe de todos los tiempos.

En mi lista tengo más héroes de los que podría describir en muchos libros del tamaño de éste, pero resistiré la inclinación a mencionarlos. Nuestro propósito, como usted sabe, ha sido ayudar a aquellos que no están muy firmes en su fe. Si todos estuvieran dotados de la tenacidad de un buldog y la fe de Abraham, no habría necesidad de hablar de un tema como éste. Pero la mayoría de nosotros no somos superestrellas espirituales. Por eso estos pensamientos han sido afectuosamente dedicados a las personas cuyo espíritu ha sido herido por experiencias que no han podido comprender. Sencillamente, las piezas del rompecabezas de la vida no han encajado en su lugar, lo cual les ha dejado confundidos, enojados y desilusionados.

Tal vez, usted se encuentra entre aquellos que han luchado por comprender una aflicción en particular y la razón que Dios ha tenido para permitirla. Miles de preguntas han estado dando vueltas en su cabeza, la mayoría de ellas comenzando con la palabra: "¿Por qué?" Desesperadamente usted quiere confiar en el Padre y creer en su gracia y su bondad. Pero muy dentro de usted, está prisionero de una sensación de traición y abandono. Evidentemente, el Señor permitió que sus dificultades ocurrieran. ¿Por qué no las impidió, y por qué no ha tratado de explicarlas o disculparse por ellas? El no poder contestar estas preguntas fundamentales se ha convertido en una barrera de un kilómetro de alto, y no parece que usted puede encontrar como subirla o pasar alrededor de ella.

Para algunos de ustedes, su angustia comenzó con la muerte de un precioso hijo o hija. Su dolor por causa de esa pérdida ha sido tan intenso que usted se ha preguntado si podrá siquiera seguir adelante. El (o ella) llenaba su corazón de tanto gozo. Corría, saltaba, se reía y le abrazaba. Usted le amaba mucho más de lo que apreciaba su propia vida. Pero entonces, llegó esa horrible mañana en la piscina, o ese siniestro informe médico, o el accidente que ocurrió mientras iba en su bicicleta. Ahora su hijo, al que usted quería tanto, se ha ido, y el propósito de Dios al permitir su muerte aún es un misterio.

Para otros de ustedes, jamás habrá nada tan doloroso como el rechazo del que fueron objeto de parte del que era su esposo o esposa. El día en que usted descubrió que le era infiel, o cuando llegaron los papeles del divorcio, o esa inolvidable noche de violencia, esos fueron momentos de angustia indescriptible. De alguna manera, habría sido más fácil enterrar el cuerpo muerto de su cónyuge que verle vivo en los brazos de su amante. ¿Cómo pudo ser tan cruel esa persona a quien usted se lo había entregado todo? Usted derramó muchas lágrimas mientras le rogaba a Dios que interviniera, y cuando su matrimonio se desintegró, la desilusión y la amargura inundaron su alma. Usted ha dicho que jamás volverá a confiar en nadie, ni siquiera en el Todopoderoso.

También pienso en las viudas y los viudos que están tratando de sobrevivir solos. Si usted es uno de ellos, sabe que muy pocos de sus amigos comprenden por completo su situación. Ellos quieren que usted se recobre de esa pérdida y vuelva a vivir su vida como si nada hubiera ocurrido. Pero usted no puede hacerlo. Durante tantos años su matrimonio era el centro de su existencia. Dos seres humanos distintos realmente se convirtieron en "una sola carne" como fue el propósito de Dios. Era una relación tan amorosa que hubiera podido continuar para siempre. En realidad, cuando ustedes eran jóvenes creyeron sinceramente que así sería. Pero de repente, todo se acabó. Y ahora, por primera vez en muchos años, usted se encuentra verdaderamente solo, o sola. ¿Es esto todo lo que podemos esperar?

Mi madre jamás se recuperó de la muerte de mi padre. El la dejó de repente, cuando tenía sesenta y seis años, un domingo por la tarde mientras estaban sentados a la mesa comiendo. Aunque después de ese día ella vivió once años, su corazón estaba destrozado y nunca pudo sanarse. Ella había edificado su vida alrededor de aquel hombre, que la volvió loca en 1934, y sencillamente no pudo enfrentarse con el futuro sin él a su lado. Mi madre no culpó a Dios por su muerte, pero no obstante sufrió mucho por causa de ésta. Lo siguiente fue lo que ella escribió en su diario en el primer aniversario de la muerte de mi padre:

La gente me ha dicho que el primer año es el más difícil. Han pasado un año y tres días desde tu muerte, y esta noche estoy desesperada anhelando tenerte a mi lado. ¡Oh, amado Señor! Esto es más de lo que puedo soportar. Mis sollozos hacen que el corazón omita latidos. No puedo ver el papel. Tengo punzadas en la cabeza. La casa está solitaria y silenciosa. Las visiones que he tenido de ti han sido tan reales como si estuvieras aquí y no me hubieras dejado. Hoy le di gracias a Dios por permitir que un ángel me cuide. ¡Pero cuánto te extraño!

Hace mucho frío afuera. Anoche, hubo una tormenta de agua mezclada con nieve que cubrió la tierra con hielo y luego formó una corteza congelada. Las calles están resbaladizas y peligrosas. Aborrezco este tiempo. Me hace sentir triste, asustada y sola. Tengo miedo del invierno que se acerca. Esto durará tres meses más.

Hoy me mudé al dormitorio más pequeño. Quisiera que estuvieras aquí para que compartiésemos esta habitación. Tengo recuerdos muy preciosos de ella. Cuando yo estaba enferma, hace cuatro años, oraste por mí en ese dormitorio durante las horas de la medianoche. Te acostaste en el suelo y oraste angustiosamente por mí. Los dos sabíamos que el Espíritu estaba orando por medio de ti. Más tarde, el Señor nos guió a un doctor que me ayudó a recuperar mi salud. ¡Oh, cómo te amé y te sigo amando!

¡Qué mujer tan especial era mi madre, y cuán profundamente amó a mi padre! Ahora ella está con él en el cielo. Pero hay otras viudas y viudos que también amaron a sus cónyuges tan intensamente, y ahora tienen que enfrentarse con el futuro solos. Quiero expresarles a ellos mi amor, y le pido al Señor que les ayude a medida que viven un día a la vez.

Existen tantas otras fuentes de dolor. Estoy consciente de aquellos de entre mis lectores que están sufriendo por razones menos catastróficas, tales como los adultos cuyos padres son alcohólicos, los que han estado demasiado gordos desde la infancia, los que fueron objeto de abuso físico o sexual durante los primeros años de sus vidas, y las personas que están ciegas, cuadriplégicas, crónicamente enfermas, etcétera. También me importan las madres solteras que se preguntan cuánto tiempo podrán llevar la carga que está sobre sus hombros. Existen un millón de situaciones diferentes, pero todas ellas conducen a una misma clase de frustración. Y la mayoría de ellas tienen consecuencias teológicas.

A esas personas, que acabo de describir, que han tratado de comprender la providencia de Dios, ¡les traigo palabras de esperanza! No, no puedo brindarles pequeñas soluciones satisfactorias para todas las inconsecuencias de la vida que nos molestan. Eso no ocurrirá hasta que veamos al Señor cara a cara. Pero él tiene un corazón especialmente compasivo hacia los afligidos y derrotados. El le conoce a usted por nombre y ha visto cada lágrima que ha derramado. El estaba a su lado en cada ocasión en la que algo malo sucedió en su vida. Y lo que parece ser falta de interés o crueldad de parte de Dios, es un malentendido en el mejor de los casos y una mentira de Satanás en el peor de ellos.

¿Cómo sé que esto es cierto? Porque la Biblia nos lo dice muy enfáticamente. Para empezar, David escribió: "Cercano está Jehová a los quebrantados de corazón; y salva a los contritos de espíritu" (Salmo 34:18). ¿No es éste un hermoso versículo? Cuán alentador es saber que la misma presencia del Rey, el Creador de los cielos y la tierra, permanece cerca de los que están heridos y desalentados. Si usted pudiera comprender plenamente cuánto Dios le ama, jamás volvería a sentirse solo. David enfatizó esta idea en el Salmo 103:11: "Tan inmenso es su amor por los que le honran como inmenso es el cielo sobre la tierra" (VP).

Otro de mis pasajes favoritos de la Biblia es Romanos 8:26, en el cual se nos dice que realmente el Espíritu Santo ora por usted y por mí, con tal pasión que el lenguaje humano es inadecuado para describirla. Ese versículo dice: "Y de igual manera el Espíritu nos ayuda en nuestra debilidad; pues qué hemos de pedir como conviene, no lo sabemos, pero el Espíritu mismo intercede por nosotros con gemidos indecibles". ¡Qué consuelo nos imparte esta verdad! Hoy mismo, él está orando por usted al Padre, intercediendo por la situación en que se encuentra y describiendo su necesidad. Por lo tanto, ¡qué error más grande es echarle la culpa de nuestros problemas al mejor amigo que tiene la humanidad! A pesar de cualquiera otra conclusión a la que usted llegue, por favor, crea esto que le voy a decir: ¡El no es la fuente de su dolor!

Si usted estuviera sentado frente a mí en este momento, tal vez se sentiría movido a preguntarme: "¿Entonces cómo explica usted las tragedias y las aflicciones que han venido a mi vida? ¿Por qué me hizo Dios esto?" Mi respuesta, que ya usted ha leído en páginas anteriores, no es profunda, ¡pero sé que es correcta! ¡Por lo general, Dios no contesta esas preguntas en esta vida! Esto es lo que he tratado de decir. El no nos va a presentar sus planes y sus propósitos para que le demos nuestra aprobación. Nunca debemos olvidar que él es Dios. El quiere que, como Dios que es, creamos y confiemos en él a pesar de todas las cosas que no entendamos. Es tan sencillo como eso.

Jehová nunca contestó las razonables preguntas que Job le hizo, y él no contestará todas las que usted le haga. Sugiero que todas las personas que han vivido en este mundo, han tenido que enfrentarse con aparentes contradicciones y enigmas; y usted no va a ser la excepción. Si esta explicación no le satisface y no puede aceptarla, entonces usted estará destinado a vivir con una fe débil e inútil, o sin ninguna fe en absoluto. Usted tendrá que construir sus castillos sobre algún otro fundamento. Sin embargo, ése será el desafío más grande de todos con los que tendrá que enfrentarse, porque no existe ningún otro fundamento. Está escrito: "Si el Señor no edifica la casa, en vano trabajan los que la edifican" (Salmo 127:1, LBLA).

Mi consejo más importante es que, si es posible, *antes* que la crisis ocurra cada uno de nosotros reconozca que nuestra confianza en Dios debe ser independiente de nuestra comprensión. No hay nada malo en que tratemos de comprender, ¡pero no debemos contar con nuestra habilidad para comprender! Tarde o temprano nuestro intelecto nos planteará preguntas que no podremos contestar. En ese momento, sería sabía que recordáramos sus palabras: "Porque como los cielos son más altos que la tierra, así mis caminos son más altos que vuestros caminos, y mis pensamientos más que vuestros pensamientos" (LBLA). Y nuestra respuesta debe ser: "No se haga mi voluntad, sino la tuya" (Lucas 22:42).

Cuando pensamos en esto, nos damos cuenta de que hay consuelo en esta actitud ante las pruebas y las tribulaciones de esta vida. Nos es quitada la responsabilidad de tratar de comprenderlas. No se nos ha dado suficiente información como para que podamos descifrar el misterio. Es suficiente que reconozcamos que lo que Dios hace tiene sentido aun cuando no lo tenga para nosotros. ¿Parece un poco simplista esta manera de ver el problema, como una explicación que le daríamos a un niño? Sí, y por una buena razón. Jesús lo dijo de la siguiente manera: "De cierto os digo, que el que no recibe el reino de Dios como un niño, no entrará en él" (Lucas 18:17).

Pero, ¿qué le decimos a la persona que no puede comprender esta verdad? ¿Qué consejo podemos darle a la persona que está resentida y profundamente enojada con Dios por algo malo que cree que él le hizo? ¿Cómo puede evitar la barrera de la traición y comenzar a tener una nueva relación con el Señor?

Sólo existe una cura para el cáncer del rencor: perdonar, de una vez para siempre, a aquel que creemos que nos ha ofendido, con la ayuda de Dios. Por extraño que esto parezca, estoy sugiriendo que algunos de nosotros necesitamos perdonar a Dios por las aflicciones de las cuales le hemos hecho responsable. Durante años usted ha estado resentido contra Dios, y ahora es el momento de librarse de ese resentimiento. Por favor, no malentienda lo que he dicho. Le corresponde a Dios perdonarnos a nosotros, y casi parece una blasfemia el sugerir que nuestra relación con él pudiera ser invertida. El no ha hecho nada malo, y no necesita nuestra aprobación. Pero la fuente de rencor debe ser admitida antes que pueda ser limpiada. No hay mejor manera para librarse de ella que absolver al Señor de todo lo que hemos creído que nos ha hecho, y luego pedirle perdón por nuestra falta de fe. Esto se llama "reconciliación", y es la única forma en que usted podrá ser totalmente libre.

La difunta Corrie ten Boom habría comprendido el consejo que acabo de dar. Ella y su familia fueron enviados por los nazis a un campamento de exterminio en Ravensbruck, Austria, durante los últimos años de la Segunda Guerra Mundial. Todos ellos sufrieron una crueldad y una privación horribles a manos de los guardias de la SS., y finalmente, sólo Corrie sobrevivió. Después de la guerra, ella llegó a ser una escritora famosa, y frecuentemente habló del amor de Dios y de su intervención en su vida. Pero en su interior, aún sentía rencor hacia los nazis por lo que les habían hecho a ella y a su familia.

Dos años después de la guerra, Corrie estaba hablando en Munich, Alemania, sobre el tema del perdón de Dios. Después del servicio, vio a un hombre que estaba abriéndose paso para llegar hasta donde estaba ella. Lo siguiente es lo que más tarde Corrie escribió acerca de ese encuentro:

Y fue entonces que lo vi, abriéndose paso hacia adelante. Primero vi su abrigo y su sombrero marrón; luego un uniforme azul y una gorra con visera, con su calavera y dos huesos cruzados. El recuerdo vino precipitadamente: el enorme cuarto con sus luces muy fuertes colgando sobre nuestras cabezas; el patético montón de vestidos y zapatos en medio del suelo; la vergüenza de caminar desnudas por delante de este hombre. Podía ver delante de mí la frágil figura de mi hermana, con las costillas bien visibles debajo de su piel transparente. Betsie, ¡qué flaca estabas! El lugar era Ravensbruck, y el hombre que se acercaba a donde yo estaba, había sido uno de los guardias allí, uno de los más crueles.

Ahora estaba delante de mí, y tendiéndome la mano me dijo: "Señorita, ¡ése ha sido un magnífico mensaje! ¡Qué bueno es saber que, como usted dijo, todos nuestros pecados están en lo profundo del mar!" Y yo, que había hablado tan elocuentemente sobre el perdón, pretendí buscar algo en mi cartera, en vez de estrechar su mano. Por supuesto, él no se acordaba de mí, ¿cómo podía recordar a una presa de entre miles de mujeres?

Pero yo me acordaba de él y de su látigo de cuero colgando de su cinturón. Estaba enfrentándome a uno de mis carceleros, y parecía que la sangre se me había congelado en las venas.

—Usted mencionó Ravensbruck en su mensaje" —me dijo— Yo era uno de los guardias en ese lugar.

No, no se acordaba de mí.

—Pero desde ese tiempo" —continuó diciendo—, me he hecho cristiano. Sé que Dios me ha perdonado por todas las cosas crueles que hice allí, pero desearía que usted me perdonara también, señorita.

De nuevo me tendió la mano, y me dijo:

—¿Quisiera usted perdonarme?

Y permanecí allí de pie; yo, a quien Dios le había perdonado sus pecados una y otra vez, no podía perdonar a aquel hombre. Betsie había muerto en aquel lugar. ¿Podía borrar él su lenta muerte con sólo pedirme perdón?

Sólo habían transcurrido unos pocos segundos desde que él estaba allí de pie frente a mí, tendiéndome la mano, pero a mí me había parecido que habían pasado horas, mientras luchaba con la cosa más difícil de todas las que había tenido que hacer en mi vida.

Porque tenía que hacerlo, yo lo sabía muy bien. El mensaje acerca de que Dios nos perdona, tiene una condición previa: que nosotros perdonemos a aquellos que nos han hecho algún daño. "Si no perdonáis a los hombres sus ofensas", dijo Jesús, "tampoco vuestro Padre que está en los cielos os perdonará vuestras ofensas".

Yo conocía esto no sólo como un mandamiento de Dios, sino como una experiencia diaria. Desde que la guerra había terminado, yo había tenido un hogar en Holanda para personas que habían sido víctimas de la brutalidad de los nazis. Las que habían podido perdonar a sus antiguos enemigos habían sido capaces de regresar al mundo exterior y de reconstruir sus vidas, a pesar de sus cicatrices físicas. Pero aquellas personas que habían alimentado su rencor, habían permanecido inválidas. Fue tan sencillo y tan horrible como eso.

Y aun así, permanecí allí de pie, con la frialdad paralizando mi corazón. Pero el perdón no es una emoción; y yo también sabía eso. El perdón es un acto de la voluntad, y la voluntad puede funcionar sin tener en cuenta la temperatura del corazón. "¡Jesús, ayúdame!, oré silenciosamente. "Puedo levantar mi mano. Eso es todo lo que puedo hacer. Dame tú el sentimiento". Así que, inexpresiva y mecánicamente, puse mi mano en la que estaba extendida hacía mí. Y cuando hice eso, algo increíble sucedió. Una corriente comenzó a fluir desde mi hombro, bajó rápidamente por mi brazo y penetró en nuestras manos unidas. Y entonces ese calor sanador pareció inundar todo mi ser, llenando de lágrimas mis ojos.

—Te perdono, hermano —grité—. Te perdono con todo mi corazón.

Por un largo rato nos quedamos tomados de las manos; el antiguo guardia y la antigua presa. Jamás yo había conocido el amor de Dios tan intensamente, como lo conocí en ese momento. Pero a pesar de todo, me di cuenta de que realmente no era mi amor. Yo había tratado, pero me había faltado el poder. Era el poder del Espíritu Santo, tal como se menciona en Romanos 5:5: "... porque el amor de Dios ha sido derramado en nuestros corazones por el Espíritu Santo que nos fue dado".[1]

Las palabras de Corrie ten Boom son muy apropiadas para nosotros en este momento. Todas las clases de rencores, inclusive el que parece "justificado", destruirá a la persona espiritual y emocionalmente. Es una enfermedad del alma. Corrie perdonó a un guardia de la SS, que tenía parte de responsabilidad por las muertes de los miembros de su familia; seguramente que nosotros podemos perdonar al Rey del universo, que envió a su Hijo unigénito a morir como expiación por nuestros pecados.

---

1. Corrie ten Boom, *Tramp for the Lord*, (Old Tappan, N.J.: Revell, 1976, pp. 53-55.

Antes de concluir, hay alguien en particular a quien deseo hablarle directamente. Estoy interesado muy especialmente en aquella persona, entre mis lectores, que en este momento está enfrentándose con una enfermedad mortal. Usted se ha enterado de mucho más de lo que jamás hubiera querido saber acerca de quimioterapia, radiación, imágenes por resonancia magnética, biopsias del hígado, angioplastias, escanografías cerebrales o cirugía abdominal. Cualquiera de estos procedimientos (y miles de otros) es suficiente para desalentar incluso a aquel de nosotros que se sienta más seguro. Tal vez usted no esté enojado con Dios de la manera que he descrito, pero se siente herido, confundido y desanimado. Se ha preguntado, con mucho respeto, por qué Dios ha permitido que esto le suceda. Creo que el Señor me ha dado palabras para usted, que pueden serle de ayuda. Y ciertamente espero que así sea.

Es tan importante el comprender que el sistema de valores de Dios es totalmente diferente del nuestro, y que el suyo es correcto. Los seres humanos ven la muerte como la derrota suprema, la tragedia final. Como tal, cuelga sobre nuestras cabezas, desde los primeros años de la infancia, como la espada de Damocles.

Mi primer encuentro con la muerte ocurrió cuando apenas tenía tres años. Me había hecho amigo de un niño de dos años, cuyos padres eran miembros de la iglesia donde mi padre era el pastor. Se llamaba Danny, y un día vino a visitarme. Los dos nos vestimos como vaqueros y nos pusimos a caminar por todas partes disparando nuestras pistolas de juguete. Recuerdo que trate de enseñarle a mi amiguito cómo se debía jugar aquel juego.

Unos pocos días después, Danny contrajo cierta clase de infección y murió muy rápidamente. Yo no pude comprender lo que le había pasado, aunque sabía que mis padres estaban muy intranquilas. Me llevaron con ellos a la funeraria, pero me dejaron esperando en el auto por lo que me pareció que había sido como una hora o más. Finalmente, mi padre vino a buscarme. Me llevó adentro y me mostró el ataúd de mi amiguito. Luego me tomó en brazos para que pudiera ver el cuerpo de Danny. Me acuerdo de que yo creí que estaba dormido y que podría haberlo despertado si me hubieran dejado abrirle los ojos. Después que regresamos al auto, mis padres trataron de explicarme lo que le había sucedido a Danny.

Esa fue la primera vez que estuve consciente de que cosas malas pueden ocurrirles a las personas buenas. Poco tiempo más tarde, también murió mi abuela, y entonces comencé a darme cuenta de lo que es la muerte. Ese conocimiento gradual del significado de la muerte, es algo típico de los niños de edad preescolar. Sus perros y sus gatos mueren, y luego pierden al abuelo o la abuela, o a otro miembro de la familia. Algunos niños, especialmente los que viven en los barrios pobres de una ciudad, aprenden acerca de la muerte por medio de la violencia que presencian en las calles.

No importa cómo llegamos a comprender el significado de la muerte, ésta siempre produce un profundo impacto en nuestra actitud y nuestro comportamiento, desde el momento en que adquirimos ese conocimiento. Para la mayoría de nosotros, representa la tragedia suprema, el fin de todo lo familiar y predecible. Crea un ambiente de lo desconocido, tal y como se le muestra en las películas de horror y en "escenas de más allá de la tumba". Por lo general, la muerte está relacionada con enfermedades, accidentes y violencia, todo lo cual nos sugiere situaciones amenazantes.

Teniendo en cuenta esta orientación de toda la vida, el diagnóstico de una enfermedad mortal (o la pérdida de un ser querido) tiene tremendas consecuencias sicológicas y espirituales para nosotros. Estoy seguro de que siempre será así, y mis palabras no cambiaran eso. Pero necesitamos comprender que Dios ve la muerte de una manera muy diferente de la nuestra. Para él no es un desastre. Isaías 57:1 declara: "Perece el justo, y no hay quien piense en ello; y los piadosos mueren, y no hay quien entienda que de delante de la aflicción es quitado el justo". En otras palabras, los justos están mucho mejor en el otro mundo que en éste. El Salmo 116:15 lo dice más brevemente: "Estimada es a los ojos de Jehová la muerte de sus santos".

¿Qué significan estos versículos para los que estamos vivos? Hacen alusión a un lugar en el otro lado del cielo que es más maravilloso de lo que nos podemos imaginar. Eso es, precisamente, lo que leemos en 1 Corintios 2:9: "Cosas que ojo no vio, ni oído oyó, ni han subido en corazón de hombre, son las que Dios ha preparado para los que le aman". ¡Cuán alentador es saber que nuestros seres queridos han ido a ese mundo mejor y que pronto nosotros, como creyentes, les acompañaremos!

¿Parece que esto es "como prometer la luna para luego", o que es "el opio de los pueblos", como Karl Marx lo describió sarcásticamente? Seguro que sí, pero la Biblia así lo enseña y yo lo creo. Y porque lo creo, totalmente la muerte ha adquirido un nuevo significado para mí.

En una conversación telefónica, que tuve recientemente con el reverendo Billy Graham, a quien admiro mucho por su constante entrega al Señor, mencioné su continua lucha con la enfermedad de Parkinson. Como yo vi la manera en que esa enfermedad hizo estragos en la mente y el cuerpo de mi madre, le pregunté:

--¿Le mantiene firme su fe en esta etapa de su vida? ¿Cree usted aún como creía cuando era joven?

Este evangelista, cuya vida está totalmente consagrada a Dios, me contestó muy emocionado:

--¡Oh, Jim, apenas puedo esperar a que llegue el momento en que veré a mi Señor!

Esa es la respuesta bíblica a la muerte. No es una tragedia, ¡es un triunfo! Debemos verla como la transición a los inescrutables gozos y el compañerismo de la vida eterna. Oí a un hombre, que maravillosamente había comprendido este concepto, decir antes de morir: "Esto debe ser muy interesante".

El apóstol Pablo lo dijo de la siguiente manera: "¿Dónde está, oh muerte, tu aguijón? ¿Dónde, oh sepulcro, tu victoria?" (1 Corintios 15:55). Luego, cuando se acercaba al final de su vida, él dijo: "Porque para mí el vivir es Cristo, y el morir es ganancia" (Filipenses 1:21).

Si recientemente usted ha perdido a un hijo, o a algún otro ser querido, o usted mismo se está enfrentando con la muerte, no quiero quitarle importancia a su dolor. Pero espero que usted vea que la aflicción se intensifica debido a un concepto erróneo acerca del *tiempo*. Nuestro viaje por este mundo, está acompañado de la ilusión de que vamos a quedarnos aquí para siempre. Miles de millones de personas que pasaron antes que nosotros, pensaron esto mismo. Ahora, cada una de ellas se ha ido. La verdad es que todos estamos de paso. Si comprendiéramos plenamente la brevedad de la vida, las cosas que nos hacen sentir frustrados, inclusive esas ocasiones cuando lo que Dios hace no tiene sentido, no nos importarían tanto.

Este es un concepto bíblico de suma importancia. David escribió: "El hombre, como la hierba son sus días; florece como la flor del campo, que pasó el viento por ella, y pereció, y su lugar no la conocerá más" (Salmo 103:15-16). El dijo también: "Hazme saber, Jehová, mi fin, y cuánta sea la medida de mis días; sepa yo cuán frágil soy" (Salmo 39:4). Moisés expreso la misma idea en el Salmo 90:12: "Enséñanos de tal modo a contar nuestros días, que traigamos al corazón sabiduría". Esa sabiduría, de la cual habló Moisés, nos ayuda a apreciar las cosas en su justo valor. Por ejemplo, es difícil que nos entreguemos a una vida de materialismo, cuando recordamos que en este mundo todo es temporal.

Un día, esa idea vino a mi mente cuando estaba yendo de viaje en un avión comercial. El avión había rodado hasta el final de la pista y estaba esperando allí hasta que dieran la orden de despegar. Miré hacia afuera por la ventanilla, y vi los restos de dos enormes aviones 747 que estaban abandonados en uno de los terrenos. Se les había caído la pintura del fuselaje y la herrumbre se extendía desde la parte de arriba hacia abajo. El interior estaba todo destruido y las ventanas habían sido selladas. Entonces vi un pedacito de pintura azul en la cola de uno de los aviones, y me di cuenta de que esos habían sido magníficos aviones de la Pan American Airways.

Daba lástima ver aquellos armatostes vacíos y desprovistos de su belleza, abandonados allí. Por alguna razón, me recordaron el poema titulado: "El pequeño niño azul", por Eugene Field (1850-1895). Las dos primeras estrofas dicen así:

> El perrito de juguete
> está cubierto de polvo,
> sin embargo, firmemente
> aún sus patas lo sostienen;
> y el soldado de juguete
> por la herrumbre está muy rojo
> y se enmohece el mosquete
> que con sus manos detiene.
> Hubo un tiempo en que el perrito
> era lindo y era nuevo,
> y el soldado, muy garboso,
> marchaba firme y muy recto;
> y fue cuando tiernamente,
> nuestro pequeño niño azul
> les guardó en el juguetero,
> después de darles un beso.[2]

Yo podría haber compuesto mi propio poema mientras miraba a través de la ventanilla:

> Hubo un tiempo cuando
> estos aviones eran nuevos,
> y volaban muy alto en el cielo.
> Pero ahora llenos de herrumbre,
> viejos y olvidados están,
> y parecen preguntar: "¿Por qué?"

---

2. Adaptado de la versificación por Adelina de Almanza, en *¡Esto es ser hombre!*, p. 38. Copyright 1982, Editorial Mundo Hispano, publicado originalmente en inglés por Word Books Publisher, Waco, Texas, bajo el título *Straight Talk to Men and Their Wives*, (c) 1980 por James C. Dobson.

Me imaginé el día cuando esos formidables aviones salieron relucientes de la fábrica, con el emblema que decía Pan Am en sus colas. Luego los llevaron en sus primeros viajes. Los niños y las niñas estiraban el cuello para ver cómo esos hermosos pájaros aterrizaban majestuosamente. Cuánta emoción deben haber producido tanto en los pasajeros como en la tripulación.

Ahora, la compañía que era dueña de esos aviones, se declaró en bancarrota, y no volverán a volar jamás. ¿Cómo pudo ocurrir eso en menos de veinte años? ¿Quién habría podido pensar que esos aviones que habían costado varios millones de dólares terminarían de una manera tan rápida y vergonzosa?

Mientras pasábamos por delante de aquellas armazones, pensé en el carácter temporal de todas las cosas que ahora parecen tan estables. Nada dura mucho tiempo. Y nosotros somos los que estamos de paso por este mundo, en nuestro camino hacia otra vida mucho más importante.

Quiero decirles a todos los que en este momento están sufriendo y se sienten desalentados, que yo creo que sería muy reconfortante que miraran al futuro, al momento cuando las pruebas del presente sólo serán un recuerdo borroso. Viene un día de fiesta como no ha habido ninguno en la historia de la humanidad. El invitado de honor en esa mañana, será uno vestido con una ropa que le llegará hasta los pies, con ojos que parecerán llamas de fuego, y pies como bronce pulido. Mientras nos inclinemos humildemente delante de él, una gran voz resonará desde los cielos, diciendo:

He aquí el tabernáculo de Dios con los hombres,
y él morará con ellos; y ellos serán su pueblo, y

Dios mismo estará con ellos como su Dios. Enjugará Dios toda lágrima de los ojos de ellos; y ya no habrá muerte, ni habrá más llanto, ni clamor, ni dolor; porque las primeras cosas pasaron (Apocalipsis 21:3-4).

Y de nuevo, se oirá la potente voz que dirá:

Ya no tendrán hambre ni sed, y el sol no caerá más sobre ellos, ni calor alguno; porque el Cordero que está en medio del trono los pastoreará, y los guiará a fuentes de aguas de vida; y Dios enjugará toda lágrima de los ojos de ellos (Apocalipsis 7:16-17).

Esta es la esperanza de todos los siglos, que arde dentro de mi pecho. Es la respuesta suprema para todos los que sufren y luchan hoy. Es el único consuelo para los que han tenido que decir adiós a sus seres queridos. Aunque ahora el dolor es indescriptible, nunca debemos olvidar que nuestra separación es temporal. Nos reuniremos otra vez para estar juntos eternamente, en esa mañana gloriosa de resurrección. Como nos promete la Biblia, ¡nuestras lágrimas desaparecerán para siempre!

También mi padre y mi madre serán parte de la muchedumbre en ese día. Estarán de pie al lado de mi abuelita, quien oró por mí antes de yo nacer, esperando vernos llegar, tal y como lo hicieron tantas temporadas de Navidad cuando llegábamos en avión al aeropuerto de Kansas City. Papá tendrá tantas cosas que contarme, que estará rebosando de emoción. Querrá llevarme a algún planeta distante que habrá descubierto. Los seres queridos de usted, que murieron en Cristo, también serán parte de esa gran multitud, que estará cantando y alabando a nuestro Redentor. ¡Qué celebración habrá de ser ésa!

Esta es la recompensa de los fieles, de aquellos que rompan la barrera de la traición y perseveren hasta el fin. Esta es la corona de justicia que está guardada para todos los que hayan peleado la buena batalla, acabado la carrera y guardado la fe (2 Timoteo 4:7-8). Por lo tanto, permítame exhortarle a que no se desanime por los problemas temporales. Acepte las circunstancias tal y como vengan a su vida. Espere que ocurrirán períodos de aflicción, y no se desaliente cuando éstos lleguen. Cuando le llegue el momento de sufrir, acepte el dolor y fortalézcase en él, sabiendo que Dios usará sus dificultades para cumplir Su propósito, y realmente, para su propio bien. El Señor está muy cerca, y él ha prometido que no le dejará ser tentado más de lo que podrá resistir.

Me despido de usted con las maravillosas palabras del Salmo 34:17-19:

> Claman los justos, y Jehová oye, y los libra de todas sus angustias. Cercano está Jehová a los quebrantados de corazón; y salva a los contritos de espíritu. Muchas son las aflicciones del justo, pero de todas ellas le librará Jehová.

Si le gustaría saber más acerca de Jesús lea...

"MÁS QUE UN CARPINTERO"

Un libro convincente para los escépticos
en cuanto a la deidad de jesús, su
resurrección y su señorío.

• 497678

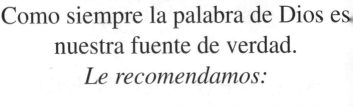

Como siempre la palabra de Dios es nuestra fuente de verdad.

Le recomendamos:

"BIBLIA TU ANDAR DIARIO"

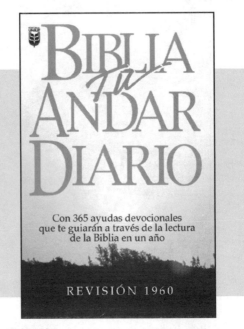

Te ayudará a vivir la Palabra de Dios cada día. Con 365 ayudas devocionales que te guiarán a través de la lectura de la Biblia en un año. • 497545

¿Ha oído usted las Cuatro Leyes Espirituales?

Así como hay leyes naturales que rigen el universo, también hay leyes espirituales que rigen nuestra relación con Dios.

PRIMERA LEY

Dios le **ama** y le ofrece un **plan** maravilloso para su vida.

El amor de Dios

> *Porque de tal manera amó Dios al mundo, que ha dado a su Hijo unigénito, para que todo aquel que en él cree, no se pierda, mas tenga vida eterna.*

> San Juan 3:16

El plan de Dios

> *(Cristo afirma): "Yo he venido para que tengan vida, y para que la tengan en abundancia." (Una vida completa y con propósito.)*

> San Juan 10:10

¿Por qué es que la mayoría de las personas no están experimentando esta vida en abundancia? Porque...

SEGUNDA LEY

El hombre es **pecador** y está separado de Dios, por lo tanto no puede conocer ni experimentar el amor y plan de Dios para su vida.

El hombre es pecador

> *Por cuanto todos pecaron, y están destituidos de la gloria de Dios.*

> Romanos 3:23

El hombre fue creado para tener compañerismo con Dios, pero debido a su voluntad terca y egoísta, escogió su propio camino y su relación con Dios se interrumpió. Esta voluntad egoísta, caracterizada por una actitud de rebelión activa o indiferencia pasiva, es una evidencia de lo que la Biblia llama pecado.

El hombre está separado

"Porque la paga del pecado es muerte" (esto es separación espiritual de Dios).

Romanos 6:23

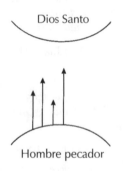

Dios Santo

Hombre pecador

Este diagrama ilustra que Dios es santo y que el hombre es pecador. Un gran abismo lo separa. Las flechas señalan que el hombre está tratando continuamente de alcanzar a Dios para establecer una relación personal con Él a través de sus propios esfuerzos, tales como vivir una buena vida, filosofía o religión, pero siempre falla en su intento.

La tercera ley explica la única respuesta para este dilema...

TERCERA LEY

JESUCRISTO ES LA **ÚNICA** PROVISIÓN DE DIOS PARA EL PECADO DEL HOMBRE. SÓLO A TRAVÉS DE ÉL PUEDE USTED CONOCER A DIOS PERSONALMENTE Y EXPERIMENTAR SU AMOR Y PLAN.

El murió en nuestro lugar

Mas Dios muestra su amor para con nosotros, en que siendo aún pecadores, Cristo murió por nosotros.

Romanos 5:8

Él resucitó de entre los muertos

Cristo murió por nuestros pecados ... fue sepultado, y ... resucitó al tercer día conforme a las escrituras ... apareció a Pedro, y después a los doce. Después apareció a más de quinientos.

1 Corintios 15:3-6

Él es el único camino a Dios

Jesús le dijo: Yo soy el camino, y la verdad, y la vida; nadie viene al Padre, sino por mí.

San Juan 14:6

Este diagrama ilustra que Dios ha tomado la iniciativa de cruzar el abismo que nos separa de ÉEl, al enviar a Su Hijo Jesucristo a morir en la cruz en nuestro lugar para pagar el precio de nuestro pecado.

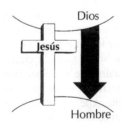

Pero, no es suficiente conocer estas tres leyes, ni aun sólo aceptarlas intelectualmente...

CUARTA LEY

DEBEMOS INDIVIDUALMENTE **RECIBIR** A JESUCRISTO COMO SEÑOR Y SALVADOR, PARA PODER CONOCER Y EXPERIMENTAR EL AMOR Y EL PLAN DE DIOS PARA NUESTRAS VIDAS.

Debemos recibir a Cristo

Mas a todos los que le recibieron, a los que creen en su nombre, les dio potestad de ser hechos hijos de Dios.

San Juan 1:12

Recibimos a Cristo por Fe

Porque por gracia sois salvos por medio de la fe; y esto no de vosotros, pues es don de Dios; no por obras, para que nadie se glorie.

Efesios 2:8,9

Cuando recibimos a Cristo experimentamos un Nuevo nacimiento

(Lea San Juan 3:1-8.)

Recibimos a Cristo por medio de una invitación personal

(Cristo dice): He aquí, yo estoy a la puerta y llamo; si alguno oye mi voz y abre la puerta, entraré a él.

Apocalipsis 3:20

El recibir a Cristo comprende un cambio de actitud hacia Dios, confiar en Cristo para que Él entre a nuestras vidas, perdone nuestros pecados y haga de nosotros la clase de personas que Él quiere que seamos. El sólo aceptar intelectualmente que Jesucristo es el Hijo de Dios y que murió en la cruz por nosotros, no es suficiente. Ni tampoco, el tener una experiencia emocional. Recibimos a Cristo por fe, como un acto de la voluntad.

Estos dos círculos representan dos clases de vidas:

Vida dirigida por el YO

Y El ego (el yo en el trono)

= Cristo fuera de la vida

† Intereses controlados por el YO que a menudo resultan en discordia y frustración

Vida dirigida por Cristo

= Cristo en la vida y en el trono

Y El ego rendido a Cristo

† Intereses bajo el control de Cristo, lo cual resulta en armonía con el plan de Dios

¿Cuál círculo representa realmente su vida?
¿Cuál círculo le gustaría que representara su vida?

A continuación se explica cómo puede usted recibir a Cristo:

Usted puede recibir a Cristo por fe ahora mismo mediante la oración. (Orar es hablar con Dios.)

Dios conoce su corazón y no tiene tanto interés en sus palabras, como en la actitud de su corazón. La siguiente oración se sugiere como guía:

> *Señor Jesús, te necesito. Gracias por morir en la cruz por mis pecados. Te abro la puerta de mi vida y te recibo como mi Salvador y Señor. Gracias por perdonar mis pecados y por darme vida eterna. Toma control del trono de mi vida y hazme la clase de persona que Tú quieres que yo sea.*

¿Expresa esta oración el deseo de su corazón?

Si es así, haga esta oración ahora y Cristo vendrá a morar en su vida tal como Él lo ha prometido.

¿Cómo saber que Cristo mora en su vida?

¿Ha recibido a Cristo en su vida? De acuerdo con Su promesa en Apocalipsis 3:20: ¿Dónde está Cristo ahora mismo con relación a usted?

Cristo dijo que entrará en su vida. ¿Le engañaría Él? ¿En qué basa su seguridad de que Dios contestó su oración? (En la fidelidad de Dios mismo y Su Palabra.)

La Biblia promete vida eterna a todos los que reciben a Cristo

> *Y este es el testimonio: que Dios nos ha dado vida eterna; y esta vida está en su Hijo. El que tiene al Hijo, tiene la vida; el que no tiene al Hijo de Dios no tiene la vida. Estas cosas os he escrito a vosotros que creéis en el nombre del Hijo de Dios, para que sepáis que tenéis vida eterna, y para que creáis en el nombre del Hijo de Dios.*

1 Juan 5:11-13

Agradezca a Dios continuamente que Cristo está en su vida y que Él nunca lo dejará (Hebreos 13:5). Usted puede saber, basado en Sus promesas, que la vida de Cristo habita en usted y que tiene vida eterna desde el mismo momento en que lo invita a Él a entrar en su vida. Él no le engañará.

Un recordatorio importante...

No dependa de los sentimientos

La base de nuestra autoridad es la promesa de la Palabra de Dios, la Biblia, no lo que sentimos. El cristiano vive por fe (confianza) en la fidelidad de Dios mismo y Su Palabra. El diagrama de este tren ilustra la relación entre el **hecho** (Dios y Su Palabra), la **fe** (nuestra confianza en Dios y Su Palabra) y nuestros **sentimientos** (el resultado de nuestra fe y obediencia) (Lea San Juan 14:21.)

La máquina correrá con o sin los vagones. Sin embargo, sería inútil jalar el tren mediante los vagones. De la misma forma, nosotros no dependemos de sentimientos o emociones, sino que ponemos nuestra fe (confianza) en la fidelidad de Dios y en las promesas de Su Palabra.

Ahora que ha recibido a Cristo

En el momento en que usted recibió a Cristo por fe, como un acto de su voluntad, muchas cosas ocurrieron, incluyendo las siguientes:

- Cristo entró en su vida (Apocalipsis 3:20 y Colosenses 1:27).
- Sus pecados le fueron perdonados (Colosenses 1:14).
- Usted ha llegado a ser un hijo de Dios (San Juan 1:12).
- Tiene ahora vida eterna (San Juan 5:24).

- Usted comienza la gran aventura para la cual Dios lo creó (San Juan 10:10; 2 Corintios 5:17 y 1 Tesalonicenses 5:18).

¿Puede usted pensar en algo más extraordinario que le haya ocurrido que el recibir a Cristo? ¿Le gustaría dar gracias a Dios en oración ahora mismo por lo que Él ha hecho por usted? El hecho mismo de dar gracias a Dios es una demostración de fe.

Para disfrutar su nueva vida a plenitud...

Sugerencias para el crecimiento cristiano

El crecimiento cristiano es el resultado de permanecer confiando en Cristo Jesús. "El justo por la fe vivirá" (Gálatas 3:11). Una vida de fe le capacitará para confiar a Dios cada vez más todo detalle de su vida, y para practicar lo siguiente:

C Converse con Dios en oración diariamente (San Juan 15:7).

R Recurra a la Biblia diariamente (Hechos 17:11). Comience con el evangelio de San Juan.

I Insista en confiar a Dios cada aspecto de su vida (1 Pedro 5:7).

S Sea lleno del Espíritu de Cristo —permítale vivir Su vida en usted. (Gálatas 5:16-17; Hechos 1:8).

T Testifique a otros de Cristo verbalmente y con su vida (San Mateo 4:19, San Juan 15:8).

O Obedezca a Dios todo el tiempo (San Juan 14:21).

Congréguese en una buena iglesia

La palabra de Dios nos amonesta "No dejando de reunirnos" (Hebreos 10:25). Los leños arden cuando están juntos, pero si usted pone uno a un lado se apagará. Esto mismo ocurre en su relación con otros cristianos. Si usted no pertenece a una iglesia, no espere que lo inviten para hacerlo. Tome la iniciativa; llame al pastor de una congregación cercana donde Cristo sea exaltado y Su Palabra sea predicada. Empiece esta semana, y haga planes de asistir regularmente.